日本の黒幕
善悪を超えた人間力

別冊宝島編集部 編

宝島社

目次

1章 大黒幕

2章　闇の紳士たち

3章 首領

4章 政商

5章　カリスマ

6章　芸能・スポーツ

※肩書は、物故者に関しては生前の代表的なものを、存命中の者に関しては現在のものを明記しています（2023年9月末現在）。

1章　大黒幕

戦後最大の「黒幕」

右翼フィクサー

児玉誉士夫

こだま・よしお　1911—1984

福島県生まれ。超国家主義に傾倒し、玄洋社の頭山満に私淑。戦時中は上海で海軍の物資調達に従事。戦後は政財界から裏社会まで人脈を広げ、CIAとも結びつきフィクサーとして暗躍。錦政会（のちの稲川会）の顧問でもあった。

児玉が「フィクサー」として戦後日本の闇に君臨するうえで土台となったのは、現在の価値で3000億～4000億円にもなると言われた隠匿資産である。戦中、海軍航空本部の嘱託として物資調達のための「児玉機関」を上海で運営し、その過程で大量のダイヤモンドやプラチナを貯め込んだのだ。

戦後、海軍や連合国軍最高司令官総司令部（GHQ）の目を逃れて大陸から日本へ持ち込んだこの資産を、児玉は鳩山一郎の日本民主党結党の原資として提供。続いて同党と自由党との保守合同―1955年の自由民主党誕生―に際しても力を貸した。

その一方、1959年からの安保闘争に際しては、左翼勢力に対抗してヤクザ組織を動員。保守政権の防波堤として、全国博徒を結集した「東亜同友会」の結成をも目論んだ。結局、同会は結成されなかったものの、任侠の世界でその名声を高めた児玉は、関東と関西のヤクザの手打ちを仲介。三代目山口組・田岡一雄組長と東声会・町井久之会長との「兄弟盃」を実現させた。こうした児玉の暗躍は、国内ばかりにとどまらなかった。1965年の日韓国交回復においても日本政界の根回し役として関与。ジャパン・マネーが韓国へ流れ込むと、その差配役の一人として日韓ビジネスを仕切り、日本財界にも睨みをきかせた。

しかしさしもの児玉も、最後には自らの才に溺れる形となった。日本への旅客機売り込みを図るロッキード社から多額の秘密工作資金を受け取り、田中角栄と並ぶロッキード事件の当事者として追及を受けるなかで、一手に握っていたはずの権力は少しずつ児玉から離れていった。1984年1月に児玉が病没したとき、葬儀に出席した政治家はほとんどいなかった。

競艇利権を握った「艇王」

日本船舶振興会初代会長

笹川良一

ささかわ・りょういち　1899―1995

大阪の造り酒屋に生まれる。村会議員となり政治活動を開始。右翼団体・国粋大衆党を率いる傍ら、株式相場で財を成し陸軍に飛行場や飛行機を献納、軍に知己を得る。1942年の翼賛選挙で当選。川端康成とは小学校の同級生。

「私は世界でいちばん金持ちのファシストである」――。日本人が笹川について語るとき、必ず持ち出されるセリフである。1974年、アメリカの『タイム』誌のインタビューに本人が語ったこの言葉は、笹川の人物像を鮮烈に印象づけることになった。しかしその実、彼の本当の生きざまについてはあまり知られていない。

本人の語る通り、ファシストであったのは事実である。32歳のときに国粋大衆党を結成し、総裁に就任。党員数約1万5000人を擁して「満蒙進出」「国際連盟脱退」「反英親独伊」などの強硬外交を主張した。また、イタリアのムッソリーニを崇拝し、ファシスト党の制服に似せて私兵に黒シャツの国防服を着せていたという。

それでいて、太平洋戦争には慎重姿勢を示す合理的思考も併せ持っていた。そのおかげで戦後、A級戦犯容疑者の指定を受けて巣鴨プリズンに3年間収監されながらも、不起訴となり釈放された。

一方、巣鴨プリズンでの経験は彼の人生に転機をもたらす。アメリカの情報誌に載っていたモーターボートの写真から競艇構想を思いつき、釈放後には国策研究会の矢次一夫らと図って、持ち前の強引な政界ロビイングでそれを実現させた。そして、2兆円にまで膨れ上がった競艇事業のアガリを背景に、反共活動や政界の黒幕として振る舞うのである。

だが、これは笹川の一面を見せているにすぎない。競艇マネーを気前よく慈善事業に振り向けていたことから、海外では社会奉仕活動家として認められ、アメリカのジミー・カーター元大統領やジョン・ロックフェラーらと交友した。

現代日本の原形をつくった男

読売新聞社主

正力松太郎

しょうりき・まつたろう　１８８５—１９６９

富山県生まれ。東京帝大卒業後、内閣統計局を経て警視庁に入庁。皇太子狙撃事件を回避できず懲戒免官に（のち恩赦）。読売新聞社の経営権を買収。戦後は日本テレビ放送網社長としてテレビ普及をリード。CIAと蜜月関係にあった。

読売新聞社社主にして日本テレビの創設者、そして読売ジャイアンツのオーナー。正力の肩書で代表的なのはこのあたりだろうが、ほかにも忘れてはならない経歴がいくつもある。とりわけ正力が主導した原発導入は、その後の日本に大きな影響を与えた。

正力は１９５５年の衆議院選挙で初当選して第３次鳩山内閣に入閣。翌年には原子力委員会の初代委員長、科学技術庁の初代長官に就任し、２年後には早くも国内初の原子炉（実験炉）に火をともすなど、原発導入を強力に牽引した。当時、日本には産業発展のための電力が決定的に不足していたのは事実で、正力の貢献がなければ高度経済成長への突入は遅れていたかもしれない。

もっとも、正力は原子力の技術について毛の先ほども理解していなかったと言われる。国会審議のなかで「核燃料」を「ガイ燃料」と発音し、失笑を買ったエピソードは有名だ。

そんな正力が原子力に目を付けたのは、ひとえに政治的野心のためだった。原発導入という実績で漁夫の利を拾い、総理総裁の座に就こうと狙っていたのだ。

正力が自ら旗頭となっていた電力業界の利益を優先し過ぎたことは、現在にまで尾を引く問題を残している。原発事故で甚大な被害が出た場合、責任を負うべき電力会社の賠償額が一定範囲に限定され、それ以上は実質的に国が補償するという原子力行政の二重構造もその問題のひとつだ。この矛盾は、東日本大震災における福島原発事故でついに噴出した。原発が正常に動いている間はそこから得られる利益で民間の電力会社が潤うのに、事故が起きた場合の負担だけが国民（税金）に回される。正力が残した「負の遺産」である。

政界を支配した「昭和の妖怪」

内閣総理大臣

岸信介

きし・のぶすけ　1896―1987

山口県生まれ。東京帝大卒業後、農商務省に入省し満州国建国に貢献。A級戦犯となり3年服役。公職追放解除後に自由党から衆院選に当選、のちの保守合同で自民党入り。1960年の岸内閣で日米安保条約改定を実現させた。安倍晋三は外孫。

岸信介と言えば、団塊の世代にとっては「60年安保条約」の締結に執念を燃やした強権的な政治家という印象が強いだろうが、最近では安倍晋三元首相の祖父と言ったほうが分かりやすいかもしれない。

秀才として注目されていた岸は1920年に東京帝国大学を卒業後、農商務省に入省。その後、1936年に満州国へ出向となり、帰国し役人を辞めた直後の1941年に東條内閣で商工大臣に就任。翌1942年には衆議院議員選挙に出馬して当選し政治家人生を歩み始める。

しかし、1945年に終戦を迎えると、東條内閣での閣僚経験があったことから、A級戦犯として逮捕され巣鴨プリズンに収容された。

このとき、周囲は生きて帰っては来られないと覚悟した。戦時中、日本の中枢で活躍した岸が死刑を免れることはできないと思ったからだ。しかし、東條英機ら7名が絞首刑された翌日の1948年12月24日に不起訴処分で釈放された。

これにはサイパン決戦をめぐり、東條と岸が激しくぶつかり、さらには辞職要求も受け付けなかったため、閣内不一致により東條内閣が総辞職に追い込まれた一件が大きく影響していると推測される。また、岸は辞職後、反東條の政治団体を結成していた。

1957年、病に倒れた石橋湛山に替わって首相の座に就いた。そして、1960年の「日米新安保条約」は国会において強行採決され、岸内閣は混乱の責任を取って総辞職に追い込まれたのである。岸は「安保改定がきちんと評価されるには50年はかかる」と言い残した。日米新安保条約から、すでに60年近い時が流れているが、岸が予想したような評価を国民から得られているのだろうか。

平民宰相が見た天国と地獄

内閣総理大臣

田中角栄

たなか・かくえい　1918―1993

新潟県生まれ。満州での兵役後に田中土建工業を立ち上げる。1947年、衆議院選挙に初当選。独自の人心掌握術で自民党中枢に食い込み1972年、総理大臣に。日本列島改造論をブチ上げ、総理退陣後も「闇将軍」と畏怖された。

田中角栄をいまだに「小学校しか出ていない立身出世の人」と見る向きが少なくないが、それは事実ではない。私立の専門学校である中央工学校土木科を卒業し、海軍兵学校への進学も考えたという才覚の持ち主だったのだ。兵役を経て田中土建工業を設立すると、朝鮮での仕事を受注するなどして順調に事業を拡大。戦後も長岡鉄道（のちの越後交通）社長に就任するなどして富を蓄えた。

同時に、田中は政界に目を向ける。

1957年、第1次岸信介内閣で郵政大臣として初入閣すると、田中は早くも永田町制覇に向けた布石を打ち始めた。地方テレビ局に大量に放送免許を交付して放送・通信業界を影響下に置く一方、全国の郵便局を集票マシンとして取り込んだのである。大蔵大臣、自民党幹事長、通産大臣と重要ポストを歴任し、1972年には佐藤派から独立。自民党総裁選で当選して田中内閣発足という具合に、文字通り権力の階段を駆け上がったのである。

もっとも、総理在任期間は2年余りと長くはない。むしろ、1976年に「ロッキード事件」における受託収賄罪で逮捕され自民党を離党した後、キングメーカーとして君臨した10年間が田中の「最盛期」だった。

田中は外交においても圧倒的な行動力を発揮した。日中国交正常化はその象徴で、鄧小平は後年の訪日時、ロッキード事件で失脚した田中の私邸にまで足を運んでいる。ロッキード事件について「田中の独自外交を嫌ったアメリカによる政権潰しの陰謀」との説がついてまわるのも、あるいは田中のスケールの大きさあってのことかもしれない。

高度成長時代に暗躍した「政商」

国際興業グループ創業者

小佐野賢治

おさの・けんじ　1917―1986

山梨県の貧農の家に生まれる。戦中は軍需省の仕事を受注、敗戦後は国内有名ホテルを買収するなど事業を展開して成功を収める。田中角栄とも深くつながり政商として手腕を振るう。ロッキード事件により一般にもその名が知られた。

東京・池袋駅西口のバスロータリー開発が、小佐野賢治とその刎頸（ふんけい）の友・田中角栄の〝共同作品〟であることを知る人は意外に少ない。田中が通産大臣だった1971年、小佐野が経営する国際興業のバス事業を拡大させるために、近隣の学校移転も含めた大事業を強引とも言えるやり方で推し進めたのだ。

こんな具合に、小佐野の足跡はいまや当たり前のように人々が行き来する場所、あるいは目にするものに刻まれている。もうひとつ例を挙げよう。かつて「ナッツ・リターン」事件で注目を集めた大韓航空もまた、小佐野が産み落とした企業のひとつだ。「ナッツ姫」の祖父・趙重勲（チョジュンフン）が小佐野からの出資を得て始めた韓進グループが、のちに航空事業に進出したのである。

山梨県の貧しい農家に生まれた小佐野は、体格が良く成績も上位で、ひときわ目立つ子どもだった。立身出世のスピードも速かった。小学校を出て15歳で就職した自動車部品会社で商才を現し、23歳で自ら会社を興す。兵役時に培ったノウハウと人脈で軍需省に食い込み、みるみるうちに事業を拡大させた。

戦後は同郷の政治家・実業家の田辺七六に紹介された東急グループ総帥・五島慶太らの人脈が生きる。小佐野は20代の若さで五島と直接交渉し、「強羅ホテル」を買い取ったのだ。そうして小佐野が貪欲に積み上げた個人資産は、やがて1兆円に達するほどにもなったという。

若くしてさまざまな経験を積んだ小佐野は、ロッキード事件の大舞台においても肝っ玉の大きさを見せつけた。証人喚問のために呼ばれた国会で、流行語にもなった「記憶にございません」とのセリフを連発。国全体を煙に巻き、ついにはその地位を守り切ったのである。

日本のリアル「ゴッドファーザー」

三代目山口組組長

田岡一雄

たおか・かずお　1913―1981

徳島県の貧農の生まれ。高等小学校を卒業後、17歳で任侠の道へ入り24歳で山口組の若衆に。殺人罪で服役後、1946年に山口組三代目を襲名。土建・荷役・運輸・芸能など幅広く事業を展開、山口組を全国組織に躍進させた。

三代目山口組・田岡一雄組長が二代目の山口登組長から盃を受けたのは1936年1月、「二・二六事件」が起きるおよそ1ヵ月前のことだった。高等小学校で山口の弟・秀雄が同級生だったことが縁となったものだ。

当時、若き田岡は荒れていた。徳島県の貧しい小作農の家に生まれ、幼くして両親が他界。もらわれた叔父の家では暴力を振るわれ、自身も学校卒業後に職を得た造船所で現場主任を殴打し、放り出された。それからしばらくは、絵に描いたようなゴロツキ人生である。盃を受けた翌年には殺人罪で逮捕され、服役も経験している。

もしかしたら、こうした田岡の来歴、暴力性、時代背景のいずれが欠けても、山口組は現在のような大勢力には育たなかったかもしれない。

戦後ヤミ市の混乱は、コネや人脈の乏しい田岡のような男が実力ひとつで駆け抜けるには絶好の舞台装置だった。そこで勢力を拡大したことが、のちに神戸港の港湾荷役を仕切ることを可能にする。芸能についても同様である。戦後の競輪・競馬・競艇の隆盛によって、博徒は賭博のテラ銭をあてにできなくなっていた。そこで素早く演芸興行を掌握できたのも、ヤミ市で培ったパワーとスピードがあったからこそだ。

田岡が美空ひばりや田端義夫、力道山らトップスターの後見役となったことも山口組のブランド化に大きく影響した。ヤクザの生きざまは刹那的であり、一瞬の輝きを求めるものだ。ヤミ市のような暗がりだけでなく、芸能や港湾荷役などの正業を通じて表社会にまで光を放った田岡は、政財界の大物からも畏怖され、山口組の名を広く国民の脳裏に刻み込んだのである。

戦後初の国民的ヒーロー

プロレスラー・実業家

力道山

りきどうざん　1924―1963

日本統治下の朝鮮に生まれる。15歳の頃に来日し初土俵を踏むが、金銭トラブルや暴力沙汰などで1950年に廃業。プロレスに転向し、この頃に日本国籍を取得する。「日本プロレス協会」を設立。テレビ放送で人気を博し、国民的ヒーローに。

１９５０年代、戦後日本の最大のヒーローである力道山は、四角いリングの上で大柄な外国人レスラー相手に、伝家の宝刀である「空手チョップ」を炸裂させ、彼らをことごとくマットに沈めていった。そして、力道山はリングの英雄であると同時に、ビジネスとしてのプロレスにおける「黒幕」でもあった。

彼のバックについていた勢力で最大を誇ったのは、町井久之が１９５７年に結成した「東声会」である。町井と力道山は同じ在日で、日韓国交正常化交渉で暗躍していた町井は力道山の自宅を秘密交渉の場に選んでいたほどの深い関係だったとされる。

この町井の兄貴分だったのが、プロレス興行に絶大な力を持っていた田岡一雄・三代目山口組組長である。

1963年、力道山は赤坂にあったナイトクラブ「ニューラテンクォーター」の洗面所で、住吉一家の傘下組員とトラブルになり、ナイフで刺されてしまう。このとき、病院には行ったものの応急処置だけで帰宅している。力道山も周囲には大したことないと軽口を叩くほどだった。

ところが、翌日になり傷は悪化。そこで赤坂の知り合いの病院に行くのだが、その病院は外科が専門外だった。7日目に2度目の手術を受けたが、その6時間後、力道山は亡くなる。事件直後に適切な処置を受けていれば十分に助かったとされ、その死はいまだ謎に包まれている。

力道山の死後、日本プロレスは分裂しジャイアント馬場とアントニオ猪木が団体を設立、その後プロレスは大衆娯楽として大きく花開いた。力道山と結婚し、直後に未亡人となった田中敬子さんはいまもプロレス界との交流を続けている。

風見鶏から「大勲位」へ

内閣総理大臣

中曽根康弘

なかそね・やすひろ　1918―2019

群馬県生まれ。東京帝大卒業後、内務省から海軍へ。1947年、衆院選に当選する。正力派、河野派に所属後、中曽根派を結成し1982年に内閣総理大臣。在任期間は1806日にも及んだ。2003年に政界引退した後も存在感を示した。

「大勲位」――マスコミは生前、中曽根を指してこう呼んだ。日本の勲章のなかでは、最高位に次ぐ「大勲位菊花大綬章」を存命時に叙勲されたためだ（戦後の政治家としては3人目）。中曽根に対してはさまざまな評価があれど、総理大臣としての実績で言えば、この男をおいてほかに「大勲位」に値する政治家はいないのではないか。

政治家としての存在感や振るった権力の大きさで言うならば、田中角栄のほうが上かもしれない。しかし、総理在任中になした仕事においては中曽根もまったくひけを取ることはない。

例えば専売公社（現・日本たばこ産業）、国鉄（現・JR各社）、電電公社（現・NTT）の民営化は、日本社会のデザインを変える一大事業だった。また、アメリカとの貿易摩擦解消のためプラザ合意で円高ドル安政策を受諾し、これがのちのバブル景気とその崩壊につながったことも、日本経済の運命を大きく変えた出来事と言える。

また、当時のレーガン米大統領との親密さは有名で、「ロン・ヤス」関係は日本の国民に強い印象を与えた。「不沈空母」発言は防衛論議に火を付け、新たなナショナリズムを喚起した。

中曽根はこんなことも言っている。「しょせん政治家にとって政治とは、『いかに内閣をつくり、また倒すか』ということに帰着する」。政治家・中曽根の〝派手さ〟の裏には、権力に対する執着が張り付いていたのも事実である。

若い頃から弱小派閥を渡り歩いた悲哀が、「風見鶏」とも言われた政界処世術につながったという指摘もある。

信仰から権力を生み出した男

創価学会名誉会長

池田大作

いけだ・だいさく　1928―

東京生まれ。1947年に創価学会入信。戸田城聖・第2代会長の信頼を得て、1960年第3代会長に。1964年に公明党を結党し政界へ。自民党などと連立政権を組んだ後は、巨大な集票力を武器に政界のキャスティングボートを握り続ける。

池田大作ほど、現在の日本において健康状態に関心を持たれている人物もいないだろう。公式の場に姿を見せなくなって、すでに15年近い。それでも公称会員数827万世帯を誇る巨大教団「創価学会」は選挙を通じて自民党に深く食い込んでおり、そのドンである池田はいまなお「日本を動かす」存在だからだ。公明党のパワーが強大であるのは、膨大な数の創価学会員たちが池田の周りに結束しているからにほかならない。従来から、池田の肉声は外部にはほとんど伝えられてこなかった。しかしその演説を聞いた人物によると、「パフォーマンスが実に上手い。演壇に上がる際、前方の席にいる公明党の女性議員のお尻をポンと叩いて『元気かね！』と声をかけると、会場がドッと沸く。品がいいとは言えないが、それがまたウケる」のだという。

もちろん、池田はパフォーマンスの上手さだけで権力を手にしたわけではない。高度経済成長期、都市部の製造業界は大量の労働力を必要としていた。これに応えるため、農村部から実家を継ぐことのできない次男以降の子が、中学校や高校を卒業するやいなや集団就職で都市部に送られた。しかし、頼る人もなく慣れない都会では孤立しがちである。創価学会はそうした人々を次々と取り込んでいったのである。

このときに行われたのが、会員数75万世帯の目標を掲げた「折伏（しゃくぶく）大行進」である。当時の会員数は、たったの３０００世帯。誰もが「途方もない」と腰が引けるなか、若き教団幹部の池田は圧倒的な迫力で運動を推進。みるみるうちに実績を積み上げ、学会第3代会長の座を確実にした。姿を見せずとも「伝説」が人を動かす——それが池田のカリスマ性である。

史上最大の蹉跌

内閣総理大臣
東條英機
とうじょう・ひでき　1884―1948

東京府麹町（現・千代田区）生まれ。父はのちの陸軍中将の東條英教。陸軍軍人として1941年に内閣総理大臣となり、戦中の日本を指揮。戦後、A級戦犯として死刑判決を受け、1948年に執行された。

多くの日本人にとって「東條英機」の名は、日本を戦争という誤った道に導いた元凶の一人として認識されている。

東條は極東国際軍事裁判において死刑を宣告され、ほかの6名のA級戦犯とともに1948年、死刑執行された。史実だけを見れば、東條が日本の暗黒時代を演出した指導者であったことは疑いようもないが、戦後、その評価が二分されていることもまた事実である。

東條英機の「功罪」の検証は、すなわち戦争という過去の歴史に対する日本人全体の「総括」であり、それはいまなお結論づけられていない。

東條英機はのちの陸軍中将、東條英教の三男として生まれ、兄たちが早世したために実質的な長男として育った。

1941年、近衛文麿と交代する形で首相に就任するが、このとき東條は「開戦に向かって突き進む陸軍を抑えられるのは、もはや東條しかいない」（当時の内大臣・木戸幸一）という理由で、対米戦争回避を望む昭和天皇から任命されたと言われる。

だが、結果的に東條は軍の開戦圧力に抵抗することはできなかった。のちに「開戦首相」として歴史に名を刻むことになった東條だが、首相就任時に必ずしも積極論者でなかったというさまざまな「証拠」が、すでに多くの歴史家によって指摘されている。

1945年9月11日、逮捕を前に東條は拳銃自殺を図るが未遂に終わり、このことは東條への批判を拡大させる大きな要因にもなった。死刑執行の前には「我ゆくも　またこの土地に　かへり来ん　国に報ゆる　ことの足らねば」と詠んでいる。

コラム ロッキード事件「アメリカ陰謀説」を追う

「戦後最大の宰相」田中角栄が、受託収賄と外為法違反の容疑で東京地検特捜部に逮捕されたのは1976年7月27日のことである。

政界に衝撃が走ったあの「衝撃の一日」から45年以上の月日が流れた。

一体あの事件の「本質」とは何だったのか。それを語るうえで近年、さかんに指摘されているのが「角栄はアメリカの虎の尾を踏んだ」という説だ。

もし、角栄が「仕組まれた事件」によって政治生命を奪われ、それが結果として日本の戦後史の行方を大きく変えたならば、それを国民はどう理解すればよいのか。それがロッキード事件の謎をめぐるテーマである。

角栄は1974年「金権政治」との批判を受け、総理退陣を余儀なくされた。追及したのは、のちに「知の巨人」として名を馳せることになる立花隆氏らである。

しかし、そうした「金権」批判以外のところで何か「大きな力」が働いていたとしたら――それは、後世における田中角栄の「評価」に大きく関係してくるかもしれない。

いまでこそ再評価の兆しが見られる田中角栄であるが、1976年の逮捕以降、角栄はジャーナリズムの標的であり続け、被告人のまま死去した角栄には「灰色の政治家」とのイメージが定着していた。

角栄という人間が生来持っていた面白さ、人情、義理堅さといった人間的美徳は、このロッキード事件以降は評価の対象外となり、角栄の魅力を熟知する人々にも、その発表の場はほとんど与えられなかった。その良し悪しは置くとして、ここでは「アメリカが角栄を失脚に追い込んだ」という説は、いかなるものなのか、それを分かりやすく整理してみたい。

事件から45年以上が経過し、言葉としてはよく耳にする「ロッキード事件」なるものが、そもそもどんな事件だったのかを正確に理解している日本人はそう多くないと思われる。

仮に事件がアメリカの「陰謀」であったとしても、それによってロッキード裁判で認定された客観的事実が変わるわけではなく、関係者の今後の人生に影響を与えるものではない。

しかし、こういうことは言える。本当に、国家を揺るがすような重大な事件の「真相」というものが明らかにされるには、少なくとも数十年といった長い時間がかかるということだ。

「ロッキード事件」はまさにいま、そうした「重要な時期」にさしかかっているのかもしれない。

■米ロッキード社の「売り込み工作」

ロッキード事件とは、米国「ロッキード社」（当時）の大型航空機の売り込み工作をめぐる贈収賄事件である。

当時、ロッキード社はトライスター機の販売不振に苦しんでおり、事態を打開するため全日空を含む世界の航空会社に巨額の賄賂をばらまいていた。

そのことが米国の上院外交委員会多国籍企業小委員会、通称「チャーチ委員会」で露見した。1976年2月のことである。

チャーチ委員会では、ロッキード社から日本へ多額の工作資金、つまり賄賂が流れていたことが明らかにされた。

これを受け、日本の捜査当局は本格的な捜査を開始。大物右翼として知られた児玉誉士夫を通じ、販売代理店の商社・丸紅などを経由して、最終的に当時の首相であった田中角栄に5億円が流れたという疑惑が浮上したわけである。

この事件では重要な証言者が2人いた。

ロッキード社の元副会長、アーチボルド・カール・コーチャン。

そして同社元東京事務所代表のジョン・ウィリアム・クラッターである。

ロッキード社から丸紅、そして田中角栄へ渡ったとされる「5億円」について、コーチャンとクラッターはそれを認めた。

その調書を確保するにあたり、日本の検察は日本で彼らを起訴しないという確約を意味する「免責不起訴宣明書」を作成した。

その結果、彼らは「5億円」の資金提供を認めたのである。

この証言は一審、二審で証拠として認められた。そして角栄は最高裁判決を前に死去している。

しかし、最高裁は別の被告のロッキード裁判で、コーチャンとクラッターの証言の証拠能力を否定した。免責されると保証されている状況の証言は証拠にならないというわけである。

結局、角栄が否定し続けた「5億円の受領」は事実だったのか、それともデッチ上げだったのか。この論争はいまなお決着していないのである。

■当時から「陰謀」を感じていた石井一

逮捕から6年半後の1983年、コーチャンらの「5億円証言」によって、角栄には懲役5年、追徴金5億円という求刑が言い渡された。

しかし、これに憤慨した議員がいた。当時、自民党の田中派議員だった石井一（当時48歳）である。

石井は近年、ロッキード事件に関する考えをまとめた冊子を関係者に配布している。それらによれば、石井は当時、米国の弁護士に依頼し、コーチャン証言を証拠採用する問題点について確認し合った。

石井はそもそも、チャーチ委員会でなぜこの話が明るみに出たのか、その点について疑問を持っていた。チャーチ委員会には関係者しか知り得ない資料が送りつけられていたが、そこには何らかの「意図」があったとしか考えられなかった。

そして、チャーチ委員会で話が出てから恐ろしく速いスピードで日本の検察が捜査に着手したのはどうしてだったのか。この点についても石井は政治的な力が働いたことを疑っている。

当時の三木武夫首相は、わざわざフォード大統領に捜査への協力を要請する手紙を送っていた。

ここからは、角栄の政治的失脚を狙って、三木が積極的な捜査を検察に促したのではないかという仮説が生まれてくる。

日本だけでなく米国側から日本の検察に圧力をかけるのがきわめて有効と判断した石井は、角栄にアメリカの弁護団を参戦させるよう、頼み込んだ。

だが、意外にも角栄の返事はこうだった。

「いや、アメリカの弁護士は断ってくれ」

どうしてですか？　と食い下がった石井だったが、角栄は明確な理由を示さなかったという。

無罪になる自信があったのか、それとも米国側の弁護士は信用できないと考えたのか――結局、一審では検察側の求刑に近い、懲役4年、追徴金5億円という実刑判決が下された。

■アメリカが角栄を潰しにかかった理由

ここで、アメリカ側が角栄の政治的失脚を狙った「理由」について、指摘されている主要な説に触れておきたい。

まずひとつが角栄の成し遂げた「日中国交正常化」である。

1972年、総理大臣に就任した角栄は同年9月、電撃的に訪中し、周恩来らと直接交渉して日中国交正常化を成し遂げた。

角栄はその1ヵ月ほど前、ハワイにおける日米首脳会談の席で、事前にこの中国との国交正常化計画をアメリカ側（ニクソン大統領）に伝えていた。

ちなみにこのハワイ会談の時点で、アメリカ側がすでにロッキード社のトライスター機購入を日本側に持ちかけていたとの説が根強くあるが、確実な証拠はない。

しかし、アメリカ側が角栄の「日中国交正常化」の動きに不信感を抱いたのは間違いないことで、これは当時のアメリカの外交文書においても確認できる。

戦後、日本はアメリカにひれ伏してきた。しかし、どうも角栄という男はそうではないようだ。そのことにアメリカは気づいた。

あの日中国交正常化に見られたような角栄の圧倒的「行動力」は、アメリカに警戒感を抱かせたというわけである。

もうひとつ、アメリカ側が懸念していたのは角栄の「資源外交」だ。

1973年に起きたオイルショック。角栄はアラブ諸国寄りの政治姿勢を見せたが、ここでイスラエルを支持してきたアメリカ側と対立構造が生じる。

米国の石油メジャーが、これまでの日本の総理大臣とは明らかに異なる行動パターンを見せる角栄の動きを牽制しようとした。これも「虎の尾説」の根拠となっている。

三木はその後、いわゆる「三木おろし」と呼ばれた田中派による倒閣運動によって退陣を余儀なくされる。

角栄は被告の身分となったものの、逆に水面下で隠然と政界を支配する「闇将軍」へと変貌していった。

当時、角栄自身はこの事件の構図をどう認識していたか。

5億円の受け取りが事実であったかどうかは別として、意図的にこの情報がリークされ、角栄失脚のシナリオが描かれていたのかそうでないのか。その点について、当時目白の私邸で角栄と「サシ」で話ができた大手紙幹部や政治評論家のなかには、角栄がはっきり「アメリカにやられた」と口にしたのを聞いた人間が何人もいる。

また、角栄との間に子どもをもうけた神楽坂の芸者、辻和子もロッキード事件で逮捕された角栄が、家に戻ってくるなり「アメリカのせいで……」という言葉を発したとはっきり証言している。

もっとも、角栄がどうして「アメリカにやられた」と確信するに至ったのか、それについて本人が語った記録はない。

仮にアメリカが罠を仕掛けたとしても、5億円の収賄が事実だとすれば、これは「有罪」となるわけだが、そもそも、このトライスター機の話が最初から角栄にカネを受け取らせ、摘発させるためのシナリオだったとすれば、それは壮大な話である。

ロッキード事件の原型は、独自の政策に打って出る角栄を押さえつけたいアメリカの思惑と、日本における「反田中」派の思惑。それが一致した「日米合作」だったという説は、それほど荒唐無稽なストーリーとは言えないだろう。あとはそれを裏付ける資料や証言が、今後どれだけ出てくるのかが問題である。

■「角栄潰し」によって日本は国益を損なったのか

新潟の貧しい雪国で育った田中角栄は、戦後初めて、非エリートの叩き上げ総理として、国民に熱狂的な歓迎を受けた。

官僚政治に嫌気が差していた国民にとって、言葉と言動にリアリティがあり、人間味にもあふれた「角さん」は親しみやすい庶民派総理であった。

だが、当時は時代の「変わり目」だった。

周知の通り、角栄には総理大臣になる前から愛人や隠し子が複数存在したが、それを追及するメディアは皆無だった。

しかし、1974年に月刊誌『文藝春秋』が角栄の金脈とともに、金庫番であり角栄のパートナーでもあった〝越山会の女王〟こと佐藤昭子の素性について報じたとき、角栄は「これ以上、佐藤や自分の家族を苦しめたくない」との思いから、あっさりと総理退陣を決意したのである。

何事も程度の問題とはいえ、それまで許されてきた政治家のふるまいが、その報道を境に許されなくなった。それが「金脈報道」がもたらしたもうひとつの意味合いである。

あれほど高い支持率を誇っていた角栄は、ロッキード事件以降「悪の枢軸」と見なされ、少しでも角栄を擁護したり、同情したり、肩を持つような報道をすれば、その記者は「ジャーナリスト失格」との烙印を押されてしまうような、そんな状態が長く続いた。

ヒステリックな報道に耐え続けていた角栄だったが、そのストレスは並大抵のものではなかったにちがいない。

長いロッキード裁判を闘いながら、角栄は検察側に圧力をかけるため、法務大臣に田中派議員を送り込むなどして徹底抗戦を続けた。

しかし、そこで噴出したのが、竹下登の「創政会」設立である。

いつまでたっても田中派から総理大臣候補を出せない、角栄の後継者も決まらないという状況に、竹下はついに動いた。しかし、角栄はそれを認めなかった。

角栄のストレスは最高潮に達した。

毎日、朝からウイスキーのオールドパーをストレートで飲む。

1985年2月、角栄は脳梗塞に倒れ、都内の病院に入院したが、結果的にこのとき、角栄の政治生命は途絶えた。

言語障害が残った角栄は意思の疎通が困難になり、その後は基本的に誰とも会わない状態が続き、1990年に政界を引退する。

この間、ロッキード裁判の二審判決は角栄の控訴を棄却し、一審判決を支持。

そして1993年、角栄の死により、裁判は上告審の途中で公訴棄却となった。

角栄の秘書だった早坂茂三は、「まるでオヤジの死を待っていたかのように最高裁が公訴棄却した」と表現したが、日本の裁判所が「首相の犯罪」を確定させることを躊躇したのかどうか、確かめる方法はない。

角栄という天才政治家が「仕掛けられた罠」によって失脚したのだとすれば、それは当然、角栄本人にとってみれば痛恨の極みであっただろう。

また、類い稀なる実行力の持ち主であった角栄が、多くの労力を裁判対策に取られ、政治家として日本を良くするという前向きな仕事に向き合えなかったことは、日本国民にとっても残念なことであったと思われる。

しかしいま、角栄の残した思想や言葉、そして数々の仕事には再び光が当てられ、高く評価されている。

時代を超えて伝わってくる、角栄のダイナミズムとスケールの大きさは抹殺されることなく、国民の共有財産としてしっかりと受け継がれているのである。

2章　闇の紳士たち

関東最強軍団の首領

稲川会総裁・稲川会初代会長

稲川聖城

いながわ・せいじょう　1914—2007

神奈川県生まれ。1933年、三代目堀井一家の下で任侠の世界へ。1935年、陸軍に入隊。戦後、山崎屋一家五代目を継承すると同時に「稲川組（のちの稲川会）」を結成。三代目山口組・田岡一雄組長や児玉誉士夫らと親交を深めた。

稲川会初代会長で、のちに総裁となる稲川聖城は1914年に横浜で生まれた。戦前、19歳の頃、柔道場で猛稽古に励んでいるとき、堀井一家の加藤伝兵衛三代目総長と知り合い、その闘志と腕っ節の強さを買われる。逆に稲川も加藤の器量の大きさに惹かれ、盃をもらって渡世入りを果たす。

戦後の1949年には熱海を中心に広大な縄張りを持つ老舗の山崎屋一家五代目を継承。同時に稲川組を興し、入門前に「横浜愚連隊四天王」と呼ばれて怖れられた「モロッコの辰」こと出口辰夫、井上喜人、林喜一郎、吉水金吾など、若い衆が続々と入門し一気に勢力は拡大。

ところが、翌１９５０年には、その勢いに目を付けられ、ＧＨＱによって稲川組に解散命令が出される。稲川は地元の有力政治家と話し合い、しばらく賭場を閉めるという譲歩案を出して、結果的に解散命令は解除され、組織は維持されることになったというエピソードがある。

また、稲川は「戦後最大の黒幕」児玉誉士夫とも特に関係が深かった。１９５９年、銀座に稲川興業の看板を掲げ東京事務所を設立した稲川に、児玉は安保闘争の警備協力を要請。安保改定に反対する学生を中心としたデモ隊の数が、警察の警備力を圧倒的に上回り、このままでは治安が維持できないと悟ったのだ。

１９６５年、「第1次頂上作戦」により稲川は賭博開帳図利罪で逮捕され、懲役3年の実刑判決を受けた。だが、１９７２年に社会復帰すると組織名称を「稲川会」として体制の立て直しに邁進。初代会長として組織を全力でけん引した後の１９８５年には、横須賀一家五代目総長の石井隆匡（かたまさ）理事長へ二代目会長の座を譲って自らは総裁に就任した。

時代を駆け抜けた「在日の雄」

東声会会長
町井久之
まちい・ひさゆき　1923―2002

東京生まれ。本名は鄭建永。戦後まもなく「町井一家」をつくり、在日コリアン団体結成にも関与。1957年に東声会、1963年に東亜相互企業を設立。釜山と下関間にフェリーを就航させるなど、日韓を結ぶ事業にも取り組んだ。

東京の繁華街では、多くのヤクザ組織やヤクザたちがひしめき合いながら利権を奪い合ってきたが、かつて、ある一人の男によって繁華街の大半が牛耳られていた時代があった。その男とは東声会会長だった町井久之である。

町井は在日二世で本名は鄭建永（チョンコンヨン）。1936年、13歳のとき現在の韓国から日本へと移り住んだ。その後、専修大学へと進学するが授業にはほとんど出席せず、もっぱらケンカに明け暮れていた。身長は190センチ近くで腕っ節も強く、現役力士たちと大立ち回りを演じたときでも、力士らは全員が地面に這いつくばる結果になったという。

戦後、町井は暴力性の強い愚連隊のリーダーとして名を馳せ、在日コリアン団体とも深く関わっていく。1957年に反共グループとして「東声会」を設立。東声会とは「東洋の声を聞く」に由来し、朝鮮半島を意識した命名であった。1963年、親交の深い児玉誉士夫の取り持ちで、町井は三代目山口組・田岡一雄組長と兄弟分の絆を結ぶ。しかし、警視庁の「第1次頂上作戦」のターゲットとされたこともあり、1966年に東声会は解散に至った。

町井は同時期、東声会の会長と並行して、1961年に「東亜相互企業」を設立し料亭などの経営を始め、「東亜相互企業」の会長は児玉が務めた。1973年には六本木に「TSK-CCCターミナルビル」が竣工され、「東亜相互企業」もオフィスを構えた。

だが、1976年の「ロッキード事件」で児玉が失脚。児玉が亡くなった80年代半ば以降は、ヤクザ社会とも距離を置き、町井が人前に姿を見せることはほとんどなかったという。

都会派アウトローのカリスマ

安藤組組長・俳優

安藤昇

あんどう・のぼる　1926—2015

東京生まれ。1952年に株式会社「東興業」を設立。安藤組と呼ばれヤクザや愚連隊から恐れられた。1958年の「横井英樹襲撃事件」で6年間服役。出所後俳優に転進。自伝映画『血と掟』に自ら主演。作家、映像プロデューサーに。

安藤昇は戦争中、伏龍特攻隊として命の危険と隣り合わせの訓練を重ねていたが、終戦を迎え復員した。1946年に法政大学に入学するも翌年に退学。不良仲間とともに東京・下北沢で愚連隊「下北沢グループ」を結成して暴れまわるようになった。

1952年、渋谷に進出し「東興業」（安藤組）を設立。当初は不動産業や興行で収入を得ていた。だが、次第に力を付け始めると、〝愚連隊の神様〟こと万年東一の口利きもあって、地元のヤクザ組織と話し合った末に賭場を開帳したり債権を回収するなど、本来ならヤクザ組織が扱う裏社会の分野にまで触手を伸ばし、さらに勢力を拡大させていった。

スタイリッシュで都会派らしい安藤たちに憧れて、最盛期には500人以上もの構成員が在籍していたと言われる。

安藤の名が世間一般にも広く知られるようになったのは1958年の「横井英樹襲撃事件」だろう。「乗っ取り屋」の東洋郵船社長・横井英樹に融資した資金の返済を、某旧華族から依頼された安藤は横井と対峙した。その際、横井は資金の返済を無視して、「君たちに、カネを借りて返さなくてもいい方法を教えてやろうか」と高笑いしたという。激怒した安藤は事務所に戻り、配下の人間にブローニング32口径を渡した。安藤と別れてから数時間後、横井は安藤の配下に右腕を撃ち抜かれて意識不明の重体に陥ったのだ。

この事件の首謀者として6年間の社会不在を余儀なくされた安藤は、1964年に出所すると東興業を解散する。その後は、俳優・歌手へと華麗に転身し成功を収めていた。

ジュクを仕切った「愚連隊の神様」

右翼活動家・総会屋

万年東一

まんねん・とういち　1908―1985

山形県生まれ。高校から大学時代にかけてケンカに明け暮れ、同時に右翼活動も開始。戦後は実業家の用心棒や総会屋として暗躍。1968年、全日本女子プロレス会長に就任、翌年には右翼団体「大日本一誠会」を結成した。

山形県に生まれた万年東一は、父親の仕事の関係で1919年、11歳のとき上京した。思春期になると多くの不良少年と同じように、とにかく無闇にケンカがしたくてたまらなかったという。当時は京王線沿線に住んでいて毎日、線路伝いに歩いて新宿に出ることを日課としていたので、その途中で腕っ節の疼(うず)きを抑えるために不良を探して歩いた。そして、手頃な不良を見つけると、ガンを飛ばしてケンカモードへと突入したのだ。多い日には10人ほどの不良とセメントマッチを繰り返し、そのほとんどに勝利を収めたとされる。次第に、万年という異常にケンカの強い奴がいるという噂が、新宿を中心に東京中の不良たちの間に流れ、一気にその存在にスポットライトが当たるようになった。

関東大震災後、新宿、渋谷、銀座などの繁華街には、「愚連隊」と呼ばれる暴力性を前面に押し出し、徒党は組んでいるもののヤクザのように掟や規律に縛られない若者たちの集団が現れ始めた。万年も昭和初期、22歳の頃には、名うてのケンカ師たちを子分として引き連れ、愚連隊の頭領としてケンカ三昧の毎日を繰り返していた。それにより、いつの間にか新宿の街で万年らと張り合おうとする愚連隊は消え去る。その当時の万年は、まさしく愚連隊の頂点を極めていたと言えるだろう。

戦前は右翼活動にも力を入れていた万年は、1938年には社会大衆党・安部磯雄党首を襲撃し解党にまで追い込んだが、戦後になると銀座、新宿の喫茶店を拠点に経済アウトローとしての性格を強めていった。1948年の東宝争議や、1953年の横井英樹の白木屋乗っ取り事件に関与。1960年代以降は問題企業の総会屋対策の切り札としても暗躍した。

歴代総理の「指南役」

元三幸建設工業会長・血盟団メンバー

四元義隆

よつもと・よしたか　１９０８―２００４

鹿児島県生まれ。在学中に上杉慎吉主宰の七生社に名を連ね井上日召と知り合う。血盟団事件に連座し懲役15年の実刑判決を受けるが6年後に恩赦。戦後は右翼の大物・田中清玄らと交友しつつ、歴代総理の指南役としても暗躍した。

東京帝国大学法学部中退後の１９３２年、一人一殺を標榜し、当時の政財界指導者を震撼させた怪僧・井上日召が指揮した「血盟団事件」に参画。重臣だった牧野伸顕の暗殺を請け負ったが、使命を果たすことはできなかった。しかし、事件に連座したことで懲役刑に服す。

出所後、時の首相であった近衛文麿の書生となって学び、鈴木貫太郎の秘書を務めながら終戦を迎えている。戦後は「ワンマン宰相」と言われた吉田茂に信頼されて、池田勇人、佐藤栄作との親交を結び「保守本流」と言われる政治家を中心に政界に太い人脈を築いた。

利権関係の黒幕のトップは児玉誉士夫、総理の指南役の黒幕は安岡正篤という のが政界におけるスタンダードだが、四元はこの両者とまったくソリが合わなか ったという。カネで人を動かそうという発想を四元は持ち合わせていなかったよ うだ。だから、7年8ヵ月もの長期政権を維持した佐藤の後継である田中角栄と は距離を置いたとされているが、それは田中の金権体質を見抜いていたからかも しれない。

その後、再び福田赳夫、大平正芳、中曽根康弘、竹下登、宮沢喜一、そして1 993年の細川護熙まで、およそ60年という長きにわたって四元は何らかの形で 政界につながりを持ち、各方面に影響を及ぼすという稀有な存在であった。

首相らには首相官邸や公邸、さらには私邸にまで赴いて、政局の節目を迎える ごとにアドバイスを続けた。かつて突然の退陣を発表し世間を驚かせた細川内閣。 細川はその2日前、政財界のパーティーに出席。その場で「退陣」を進言したの がほかならぬ四元であった。

歴史の空白を埋めた外交密使

国粋主義者・浪人政治家

矢次一夫

やつぎ・かずお　1899—1983

佐賀県生まれ。北一輝らの猶存社や、労働争議の調停機関に身を置いて実力を付ける。戦時中、軍・政財界・労働界のフィクサーとして暗躍。戦後は岸政権の密使として訪韓するなど、外交の特務機関請負人として活動。

15～16歳の頃、家を出て放浪生活を送った後、20歳の頃に上京。「二・二六事件」で処刑された革命家・北一輝の下で住み込み生活を送る。その後、野田醤油争議、共同印刷争議、日本楽器争議などの大争議の調停にあたり、ここで労働界と軍部に幅広い人脈を築き、1933年に統制派の幕僚である池田純久（すみひさ）少佐と国策の立案に着手した。

第二次世界大戦後、公職追放されたがサンフランシスコ講和条約が締結された後の1953年、戦前の「昭和研究会」と並ぶ、民間の国策研究機関として「国策研究会」を再建。政府の外交フィクサーとして暗躍するようになる。

岸信介政権時代の１９５８年には、個人密使として韓国入り。岸は、3年以上中断していた日韓会談を再開しようと考え、ひそかに矢次に親書を託した。このとき、矢次は李承晩（イスンマン）大統領と会談し、かつての「日韓併合」を謝罪し、国交回復を打診したとされている。

１９７3年に東京・九段下のホテルで発生した「金大中事件」で、日韓間で事件の捜査を棚上げした「政治決着」に批判が高まった際、矢次が世論を沈静化させるため拘束中の金氏の保釈を駐日韓国大使に打診していた事実が、近年公開された外交機密文書によって明らかになった。

当時、韓国中央情報部（ＫＣＩＡ）の金炯旭（キムヒョンウク）元部長が「事件はＫＣＩＡの犯行」と米議会で証言。矢次は、その証言が裏付けられたら、韓国政府機関が金大中事件との無関係を前提とした「政治決着」が崩れ「田中内閣の命取りになる」と考え、金大中の保釈で事態は落ち着くと強調したという。嫌いな田中であっても国政が危機に瀕する状況になれば、自分を殺して動くことのできる人物だった。

政権を牛耳った「室町将軍」

右翼活動家

三浦義一

みうら・ぎいち　１８９８―１９７１

大分県生まれ。1932年「大亜義盟」を創立。大分市長から衆議院議員となった父の人脈で政界とのパイプを持ち、1948年の昭和電工疑獄事件で GHQ参謀第２部と太いパイプをつくる。戦後は吉田内閣の黒幕として暗躍した。

戦後の黒幕としての影響力は児玉誉士夫と比肩すると言っていいだろう。三浦義一は戦前から戦後にかけ、米軍の内部事情に通じながら、日本の政財界を操った男だった。

若くして右翼活動に目覚めた三浦は１９３２年「大亜義盟」を結成。「虎屋事件」「益田孝不敬糾弾事件」「中島知久平狙撃事件」などを次々と起こし、これらの事件の罪により懲役２年の判決を受けている。

だが戦後、公職追放中だった三浦に「昭和電工疑獄事件」という大チャンスがめぐってくる。1948年に起こった復興資金をめぐるこの贈収賄事件には、収賄側としてGHQの「民政局」（GS）のケーディス大佐ら高官の名前が取り沙汰されていた。だがその裏にはGSのライバルで「参謀第2部」（G2）のウィロビー少将がいた。つまり事件は、占領政策をめぐるGHQの内部対立だったのだ。

三浦はそこに目ざとく食い込んだ。GSを潰すための情報をG2に送り続け、スキャンダルの結果ケーディスを失脚させ、GHQとの深いコネクションをつかみ取る。日本橋・室町に自身が主宰する「国策社」の事務所をかまえた三浦は、「室町将軍」と呼ばれるようになった。ウィロビーやマッカーサー、吉田茂から日銀総裁・一万田尚登（いちまだひさと）まで、当時の中枢にいた大物たちは問題が持ち上がるたびに、この室町の事務所を訪ねた。

三浦はGHQと自民党幹部、三井グループをはじめとする財界との橋渡し役であり、佐藤栄作を首相に押し上げた立役者とも言われている。佐藤から政界入りの相談を受けた際には、その首元に日本刀の刃先を突きつけ、顔面蒼白となった佐藤に「いまの恐怖を忘れないように」と諭したという。

昭和最後の黒幕「フコクの先生」

右翼活動家・日本政治文化研究所理事長

西山廣喜

にしやま・こうき　1923―2005

宮崎県生まれ。「部落解放の父」松本治一郎に師事。三浦義一の懐刀として働く。1961年、昭和維新連盟の初代会長に。木島力也、岡村吾一とともに児玉誉士夫門下「三羽ガラス」と呼ばれ、政財界のパイプ役、総会屋として暗躍。

人呼んで「最後の黒幕」――。戦後の乱世から2000年代まで唯一生き抜いた右翼・総会屋の大物こそ西山廣喜である。

三浦義一や児玉誉士夫の後継者として、東京・日比谷の富国生命ビルに「日本政治文化研究所」を構えた。「フコクの先生」は西山の代名詞となり、名だたる大企業の総務部幹部が面会に訪れ、巨額の会費を納めていた。

西山の師匠にあたるのが、「室町将軍」三浦義一である。西山は地元である社会党宮崎県委員会の青年部部長を務めた後、社会党本部役員となり上京。だがそこで三浦と出会い、一転して右翼運動に飛び込む。1961年に右翼団体「昭和維新連盟」を設立し、三浦・児玉を後ろ盾に政財界から暴力団まで、太いコネクションを築いていく。

「西山先生に頼むと公共入札での落札率が跳ね上がる」

児玉はロッキード事件に見られるように、経済行為の当事者として金を稼いだのに対し、西山は「トラブル処理」「顧問料」といった守護神型だったところに特徴がある。大企業幹部がこぞって「フコク詣で」する守護神の神力は、児島・三浦らの死後も続いた。1982年の中曽根内閣成立の陰でも暗躍し、地元宮崎県の「シーガイア」建設に際しては、第一勧業銀行から1000億円の融資を引き出したと言われている。

1997年には第一勧銀と四大証券の総会屋事件が発覚。西山は事件の黒幕とされた。続く2000年、西山が理事長を務める日本政治文化研究所に、新日鐵やNTTなどの大手企業が巨額の会費を納めていることが報道されると、それを期に日比谷の事務所を閉鎖、実質的に引退状態となった。

総理もひれ伏した闇社会の実力者

稲川会二代目会長

石井隆匡

いしい・たかまさ　1924―1991

東京都生まれ。本名・石井進。敗戦後、横須賀の石塚一家の若衆となる。1961年、鶴政会（稲川会の前身）に入り、1963年に横須賀一家の五代目を継承。1969年に巽産業を設立。経済ヤクザの嚆矢に。数々の経済事件で政財界に影響力を及ぼした。

「日本一、カネ儲けの上手い竹下登さんを総理大臣にしましょう！」

１９８７年に国会議事堂周辺で突如として右翼団体・皇民党による街宣活動が開始された。当時、総理大臣だった中曽根康弘から受ける次期総裁の指名をめぐって安倍晋太郎、宮澤喜一と争っていた竹下登が執拗に「ほめ殺し」を受けるようになったのだ。

皇民党は「恩義のある育ての親である田中角栄に反旗を翻し、竹下派経世会を旗揚げした竹下登を許せない」として義憤に駆られ街宣活動を開始したという。

「ほめ殺し」は「目白のドン」田中角栄からの制裁と解釈されることもあったが、竹下に重大な「闇」があったからだと証言する関係者も多かった。

　およそ10ヵ月にわたり続けられた皇民党の街宣活動に竹下は心身ともに疲れ切ってしまい、一時は総裁になることをあきらめるほどだったが、あらゆる伝手（つて）を頼って皇民党への説得を依頼した。ところが、複数の自民党大物議員が動いたものの、ことごとく失敗に終わる。絶望の淵に立たされた竹下が、最後に泣きついたのが石井隆匡（本名・進）稲川会二代目会長だった。石井が東京佐川急便・渡辺広康社長を介し街宣の中止を依頼すると、「竹下を目白に行かせて侘びさせる」との条件が出された。竹下は目白の田中邸を訪問し、衆人環視のなか門前払いを食らうという屈辱を受けたが、「ほめ殺し」はピタリと止まったのである。

　難問をあっさりと解決に導いた石井の力量に、政財界の多くの人間が驚いた。石井は初代会長・稲川聖城の跡目を継承し二代目会長として１９８５年からの５年間、バブル絶頂期に裏社会の帝王として君臨した。だが、１９９０年に引退し翌年、脳梗塞のため死去する。

凶弾に散った「伝説の経済ヤクザ」

五代目山口組若頭・宅見組組長

宅見勝

たくみ・まさる　1936―1997

兵庫県生まれ。1963年、山口組直系の福井組の若衆に。のちに山口組の田岡一雄三代目組長と親子の縁を結び、1989年に五代目山口組の若頭に就任。戦後最大の経済事件「イトマン事件」でも暗躍。山口組系組員に銃撃され死去。

宅見勝は高校を中退し、大阪で渡世入りした後の1963年、三代目山口組の直系組長である福井英夫率いる福井組に入った。そこでメキメキと頭角を現し、1970年には同組若頭へと昇格。頭脳明晰で情報収集力があって優れたシノギの手腕が、当時の三代目山口組若頭・山本健一（山健組組長）の耳にも入り、親交を持つようになったという。そして、1977年に山本の強力な推薦もあって山口組の直系組長へと昇格。田岡一雄三代目組長から親子盃をもらうに至った。頭がキレてケンカもできる宅見は山本の死後も出世を続け、竹中四代目体制では若頭補佐を任されていたが、「山一抗争」の終結近くになると、早くも渡辺芳則五代目組長の誕生に奔走していた。渡辺は山本の後継者として山健組の二代目組長を継承しており、宅見のこの動きには、自分を山口組直参に取り立ててくれた山健に対する恩返しの意味が多分に込められていた。また一方で、自分が組長へと押し上げた渡辺をコントロールすれば、山口組を思い通りに動かせるとの狙いも隠されていたようだ。

１９８９年、宅見の計画通りに渡辺五代目体制が始動すると宅見のシノギは爆発的に増大。１９９０年、50億円以上もの利益を上げたとされる「クラボウ株買占め事件」、あるいは、３０００億円ものカネが裏社会へ流入したという戦後最大の経済事件「イトマン事件」は、いずれも宅見が裏で暗躍していたとされる。

１９９７年8月28日、宅見は新神戸オリエンタルホテルのラウンジで中野会系ヒットマンに狙撃され壮絶な死を遂げる。前年、中野会の中野太郎会長が京都の四代目会津小鉄の組員から銃撃された事件を、中野の承諾なしに宅見が手打ちしたことに対する報復だった。

「ヤミ金の帝王」と呼ばれた男

「五菱会」実質ナンバー2

梶山進

かじやま・すすむ　1949―

静岡県生まれ。稲川会系組織時代に学んだ金融の手腕を見込まれ、五菱会（当時、清水一家の前身）の実質的なナンバー2として活躍。自ら開発した多重債務者を狙う「システム金融」で巨額のカネを生んだ。2005年、出資法違反で有罪に。

昔から金融業をシノギとするヤクザは多かった。しかし、その方法の大半は異常な高利で貸し出し、期日が来れば暴力的な取り立てで回収するというものだった。この手口だと次第に客は取り立てを恐れ、また膨らみ続ける借金から逃れるために警察や弁護士に助けを求めたり、もしくは自殺や一家無理心中といった道を選択してしまう。その結果、貸し手側には借金を回収できないまま逮捕されるなどの大きなリスクが常について回っていた。

ところが２０００年頃から、まったく新しい形式の非合法の貸金システムが広まり始める。それが「システム金融」だった。まず、全国の多重債務者リストを元にダイレクトメールなどで無担保融資を勧誘。その後、融資を申し込んできた客の銀行口座に現金を振り込み、返済のときも口座に振り込ませるだけで客と顔を合わせることは一切なかった。

　これにより、過去の強引な取り立てに怯えてきた多重債務者は、最初の業者への返済に困った場合、紹介された次の業者から借りて返済することを覚えた。そして貸し手側も客に逃げられることが激減するようになったため一気に定着していったのだ。

　この貸金システムの創始者で「ヤミ金の帝王」と呼ばれたのが梶山進である。梶山は山口組の直系組織・五菱会（当時、現・六代目清水一家）の高木康男会長とは幼馴染みだった。同じ静岡県内の小学校、中学校を卒業し、別の組織で渡世入りしたのちに揃って五菱会の前身である美尾組に移った。その後、高木会長は美尾組内で組織を立ち上げ、梶山はそこで副組長を務めていたという。美尾組が五菱会と名を変えて高木会長がトップに座ると同時に組織から抜けている。

山口組最強の武闘派組織

後藤組元組長

後藤忠政

ごとう・ただまさ　１９４２―

ケンカが強くて資金力があるヤクザ組織として、強豪揃いの山口組のなかでも屈指の武闘派軍団として恐れられたのが、静岡に揺るぎない地盤を構築している後藤忠政（本名・忠正）組長が率いる後藤組だった。

後藤組が持つ凶暴性の一端が公になった事件のひとつとして、１９７０年代から80年代にかけての公明党にまつわる一連の事件がある。70年代に創価学会が日蓮正宗の総本山大石寺（たいせきじ）のある静岡県富士宮市で、大規模な墓苑開発を計画したところ大規模な反対運動が巻き起こった。そこで学会側は地元の後藤組に鎮圧を依

東京都生まれ。山口組直参の武闘派と恐れられ、映画監督・伊丹十三襲撃事件では後藤組組員が逮捕された。日本航空の個人株主としても知られた。2008年に引退、2009年に神奈川県の浄発願寺で得度、2011年頃にカンボジアへ移住。

写真／眞弓 準

頼した。後藤組は反対運動をしていた活動家を日本刀で斬るというきわめて荒っぽい手法でこれを鎮圧したとされる。

1985年、竹中正久・四代目山口組組長が一和会系ヒットマンに射殺されたことで本格化した「山一抗争」でも果敢な戦いを繰り返し、また渡辺芳則・五代目山口組組長の時代には東京進出の先兵役として勢力の拡大に体を張ってきた。

1992年には、後藤組組員が映画監督の伊丹十三を襲撃している。

2001年、肝機能が悪化した後藤は、アメリカで肝臓移植手術を受けさせてもらう代わりに、連邦捜査局（FBI）に山口組の内部情報を教えると約束、弘道会幹部のリストや山口組の米国でのご用達の金融機関などを教えたとされる。

2008年、後藤は誕生日に大物演歌歌手を呼んでゴルフコンペを開いた。そのことが報じられるとNHKは歌手らの出演を見合わせた。この事態を重く見た山口組執行部は、病気を理由に定例会を休んだのにもかかわらずコンペを開いたとして除籍処分を下した。後藤はヤクザを引退した翌年に僧籍を取得、名を忠叡と改めた。

バブルに暗躍した怪人

在日韓国人フィクサー

許永中

きょ・えいちゅう　1947—

大阪府生まれ。在日韓国人2世。イトマン事件で逮捕されるも6億円の保釈金を支払い保釈。妻の実家の法要を理由に韓国に出国し、ホテルで倒れ入院中に逃亡。2年後に東京都内で身柄を拘束。韓国に移送され、2013年に仮釈放された。

許永中の生家は、大阪市北区の淀川べりにあった朝鮮人部落の一角である。生計を支えるため、どぶろくを密造していた母親はたびたび摘発されたという。大阪工大では柔道部で活躍。しかし、いつしか子分を従えてマージャンやケンカに明け暮れるようになる。本物のヤクザと衝突し、ボロボロにやられたこともあった。その際はある暴力団組長に間に入ってもらい後始末をしたという。

大学を中退した許は、会社勤めもしたが、「人に仕えるのはばかばかしい」と26歳の頃、土建会社を興した。暴力団とも連携して談合調整を主な仕事とし、徐々に頭角を現す。大阪のフィクサーや生命保険会社社長ら経済人、政治家の懐にも飛び込んでいく。

許がイトマン事件で問われた罪は、絵画をイトマンに不当な高値で売りつけて巨額の損害を与えた特別背任と、その絵画取引による所得約76億円を申告せず、およそ30億円を脱税したという法人税法違反である。支配下の企業を使った絵画取引でイトマンから引き出したカネの総額はおよそ6７0億円。イトマンがそこまで絵画取引にのめり込んだのは、住友銀行から送り込まれていた社長の河村良彦が、許によって完全に籠絡されていたからにほかならない。

業績低迷で住友銀行から退任圧力を受けていた河村は、許のもたらすキックバックで見せかけの利益をつくり出し、社長の座にしがみついていた。そして、それに気づいていたはずの住友銀行も、スキャンダル発覚を恐れて対策を打てなかったのだ。

許はイトマンを食いものにしながら、それまで圧倒的な社会的信用を有していた銀行の暗部を、これでもかとばかりに浮き彫りにしたのだった。

時代を貫いた「現代の眼」

総会屋・現代評論社社長

木島力也

きじま・りきや　1926―1993

新潟県生まれ。本名・鬼嶋力也。政治家を志して上京後、1960年代から本格的な総会屋活動を開始。京橋に現代評論社を設立、新左翼系月刊誌『現代の眼』を発行。児玉誉士夫門下の「三羽ガラス」の一人で、弟子には小池隆一がいる。

総会屋とは、企業の株を所有する株主として株主総会に出席して、経営陣の手法やミスを追及したり、またはほかの総会屋の動きをけん制することで、企業からさまざまな形で利益を得る者たちを指す。

しかし、木島力也は総会屋の範疇をはるかに超える存在だった。たしかに、経営陣上層部に深く入り込んだ第一勧業銀行の株式を、ピーク時でおよそ6万株も持ち、ほかの企業の株も相当数を保持してはいた。だからといって総会に出席し、企業に圧力をかけることはなかった。木島クラスになると、一株も持っていなくても、企業を揺さぶることはたやすいことだったからだ。その存在感は、まさにフィクサーそのものだった。

木島は1950年頃、政治家を目指して新潟から上京。当時、大物総会屋だった谷口勝一が主宰していた「谷口経済研究所」に入り、財界で暗躍する谷口の手法を学んだ。そして、同じく総会屋の大物・西山廣喜も認める「いわゆる爺殺し、人の懐の奥深くに食い込む天才」という能力をフルに発揮し、黒幕の戦後第一世代である児玉誉士夫を「オヤジ」、小佐野賢治を「会長」と親しく呼んで取り入った。

1960年頃、谷口から独立し月刊誌『現代の眼』を発行。雑誌が世間的に認知されるようになると、かねてから政治家になる夢を実現させようと動いた。だが、当時の自民党幹事長で同郷の田中角栄に出馬を阻止されたことで、その夢が実現することはなかった。そして木島は田中を憎み始めるようになる。さすがの爺殺しも剛腕・田中には通用しなかったのか。ただし、木島は転んでもただでは起きない。「田中と真っ向からケンカした男」との噂を、その後の活動で利用しまくったのである。

最強の総会屋集団「論談」のドン

論談同友会(論談)会長

正木龍樹

まさき・たつき　1941―2016

山口県生まれ。1966年に上京、日本最大の総会屋グループ「論談同友会」を設立。三越・岡田茂社長退任ほかソニーや伊勢丹などの株主総会で活躍。ノーパンしゃぶしゃぶ事件の舞台となった「楼蘭」の顧客リストを実名公開するなどした。

広島出身の大物総会屋・小川薫が東京で活躍して名前が広まると、広島から小川を頼るようにして上京する者が一気に増えた。そして、小川の下でグループを形成し、さらに活発に活動するようになったのだ。そうした広島出身者で構成された総会屋集団を、企業らは「広島グループ」と呼んで恐れたという。

正木龍樹は映画『仁義なき戦い』で描かれた「広島抗争」にも参画するなどヤクザの修羅場を経験したのち、1966年に上京した。そして、同郷の仲間らとともに総会屋グループを形成する。それが「論談同友会」(論談)である。

正木は小川を先輩として尊敬していたが行動をともにすることはなく、逆に小川や、その周囲にいる総会屋らを反面教師としていたという。小川のグループは離合集散が激しく、チームとしてまとまりに欠けていた。それに対して正木は1976年に西新宿にマンションを建築し、論談のメンバーらを住まわせ、メンバーの管理と結束を徹底させたのである。それにより論談は日本最大にして最強の総会屋集団へと成長を遂げていく。

1982年に増長し過ぎた総会屋を取り締まるため、商法が改正され、多くの総会屋らは大打撃を受けたが論談は意気軒昂であった。

岡田茂社長が率いる三越百貨店を標的にして、岡田の愛人で「女帝」と呼ばれた竹久みちの三越との歪んだ取引関係を徹底的に暴いたのだ。その後、岡田は社長の座を追われることとなった。

さらには海外の企業にも触手を伸ばし、論談のメンバーらは手分けして、海外の株主総会に姿を現し業界中を驚かせた。その後、論談は2001年に解散、正木は2016年に74歳で死去している。

辻説法に生きた91年の生涯

大日本愛国党総裁

赤尾敏

あかお・びん　1899―1990

愛知県生まれ。20代前半で社会主義から右翼思想に転向し、建国会に活動の場を移す。1942年の衆議院選挙に当選。戦後GHQに公職追放されるが、「大日本愛国党」を創設。国体護持・反共愛国・親米を訴え「右翼」の代名詞的存在に。

「自民党は腐っとる！　中曽根は与太者だっ！　竹下なんか糞バカ野郎だっ！」――91歳での死の直前まで、銀座・数寄屋橋の街頭で、あの激烈な辻説法を行っていた赤尾敏。街宣車には日の丸と並んで星条旗とユニオンジャックが翻り、「国賊社会党・共産党撲滅」「神武天皇建國の精神に還れ」とスローガンが書かれたのぼりが立てられる光景は、この地の名物になっていた。

この辻説法や選挙のたびに政権演説で過激な主張をヒステリックにまくしたてる赤尾は、「異形の人」として人々の目に映っており、ある種名物キャラクターとして認知されていた。

しかし同時に、「右翼テロ＝赤尾敏・愛国党」というイメージも、昭和の人間の脳裏には確実にある。1960年の「社会党委員長・浅沼稲次郎刺殺事件」と、1961年の「嶋中事件」。これらのテロ事件は、すべて赤尾の愛国党党員や出身者が引き起こした事件である。

野党第一党の党首が殺された「浅沼事件」は、あまりにも有名である。17歳の山口二矢（おとや）は世間の気風が共産主義・社会主義革命の方向へ動いていることに危機感を感じ、社会党のリーダーである浅沼委員長を演壇上で刺殺。少年鑑別所内で自決した。

同じく17歳の小森一孝は、深沢七郎の小説『風流夢譚』の内容が天皇家に対して不敬であるとして、出版元である中央公論社・嶋中鵬二社長宅に乗り込んだが、社長は不在、代わりにお手伝いさんを刃物で殺害した。

警視庁は殺人教唆、殺人未遂の教唆などで赤尾を逮捕。だが証拠不十分で不起訴になり、それぞれの少年による単独犯行であるという判決が下された。

広島系総会屋のパイオニア

総会屋

小川 薫

おがわ・かおる　1937―2009

広島県生まれ。原爆に被爆。上京して芝浦工業大学に入学するも中退。60年代半ばから株主総会で顔と名を売り、70年代には若くして「大物総会屋」と呼ばれた。人気絶頂時の「ピンク・レディー」の事務所オーナーとしても知られる。

1964年は東京オリンピックが開催され、日本は高度経済成長の真っ只中にあり、世の中から太平洋戦争の匂いが一斉に消えた頃だ。この年は総会屋の人々にとっても、大きな分岐点となった。最後の総会屋こと、小川薫が総会屋としてデビューを果たしたのである。それまでも総会屋は存在していたが、小川の登場によって強硬で暴力的な傾向が一気に強まったとされる。

小川は広島出身で26歳のとき、借金取りから逃れるようにして上京。バーテンとして働いていたある日、知人から総会屋の仕事内容を聞かされたことをきっかけに活動を始めた。だが、有力総会屋や、総会屋に詳しい人物の下で修業したことは一切なかった。仕事内容を教えてくれた知人からも基本的な知識を聞いたのみで、それ以外は証券ブローカーらがよく行く喫茶店などへ出入りして彼らの会話に耳を傾けたり、現場で出会った総会屋から教えてもらったりして次第に知識と技術を身に付けていった。

ほとんど独学で成り上がっただけに企業や株主らからは異端児扱いされ、大いに注目を浴びる存在となった。

若手総会屋として脚光を浴びる小川を頼って、広島から若い者たちが上京し小川の下で「小川企業」を形成。そこで総会屋としての技術や胆力を磨き合った。そうした広島グループは業界で一大ブランドとなり、多くの優秀な人材を輩出。さらに、1970年代には「ピンク・レディー」の売り出しに一役買うなど、総会屋以外でも才覚を発揮した。1981年、97年の2回の商法改正で、スケールが小さくなったと言われたものの、70歳を超えても意気軒昂で、2008年に恐喝で実刑判決後、翌2009年に肺炎により東京拘置所内で亡くなるまで現役を貫いた。

総会に出ない総会屋

総会屋

芳賀龍臥

はが・りゅうが　1929―2004

福島県生まれ。担保として預かった株券を食べてしまう（勝手に売り飛ばす）ことから「黒ヤギ」と呼ばれた総会屋。2004年には西武グループから利益供与を受けて逮捕、これを契機として西武鉄道株が上場廃止された。

芳賀龍臥は、いつの頃からか狙った企業に乗り込むときは作務衣(さむえ)を着るようになった。また、決まって始業時間を狙ってアポなし突撃をすることも、長年にわたる総会屋としての経験のなかから会得した手口であった。始業時間であれば、社員はたいがい社内に揃っているため、不在を理由に逃げることができないからだ。そして、企業で社長や役員に面会を求め、通された部屋のテーブルに、経済小説で知られる作家・清水一行の『虚業集団』の文庫本をそっと置いた。「もう知っていると思うが、オレは小説のモデルにもなった有名な総会屋なんだ」とアピールするのだ。こうやって舞台設定が整ったところで、ようやく本題に入るのが芳賀のスタイルであった。

2001年、夏のある日の朝、西武鉄道本社に芳賀は作務衣姿で乗り込み、西武グループが神奈川県内に所有する土地を欲しがっている不動産屋がいると告げ、一方的に相場よりも大幅に低い価格を設定すると、そのまますぐに帰った。もちろん、その際につかんでいるネタについて匂わせることは絶対に忘れなかったという。しばらくすると、芳賀が設定した価格で西武不動産は土地の取り引きに応じた。安くなった金額のいくらかを、芳賀の利益として不動産屋にキックバックさせるわけである。

2004年になって、こうして芳賀が土地取引を装って西武グループに利益供与をさせたとする事件が明るみになった。これにより、堤義明は西武鉄道の会長辞任に追い込まれた。罪に問われた西武側の被告の裁判で、検察はこう指摘している。「不動産取引を装った利益供与という新しい利益供与である」。芳賀サイドに提供された利益の総額は約8800万円になるとされた。

ブラックジャーナリズムの帝王

「国会タイムズ」会長・ジャーナリスト

五味武

ごみ・たけし　1926―2008

福島県生まれ。映画業界紙記者などを経て1969年『国会タイムズ』発刊。告発記事をベースとする編集方針で永田町から恐れられる。田中角栄金脈追及、競艇利権告発、リクルート事件まで、スキャンダリズムに徹底した紙面を展開した。

株主の特権を利用してスキャンダルをネタに企業との戦いに挑む総会屋とは違って、情報と人脈のみを駆使して政財界人らと真っ向から対峙する手法を、とことんまで貫いているのが「ブラックジャーナリスト」こと五味武である。その筆の鋭さで、首相をはじめ有力国会議員や大企業のトップらが、これまで何度となくバッサリと斬り捨てられているのだ。

月刊誌『文藝春秋』1974年11月号で、評論家の立花隆氏が「田中角栄研究――その金脈と人脈」を発表。これにより田中首相にまつわる黒いカネの流れが世間に広く暴露され、田中首相は退陣に追い込まれることになった。しかし、このレポートが発表される2年前、すでに五味は田中首相の知られざるウラの顔をつかんでいたのだ。自身が主幹を務める政界情報のミニコミ紙『国会タイムズ』で、大々的に特集を組んで発表。ところが、当時の田中内閣への支持率は62パーセントもあったため、ミニコミ紙が発した小さい声はかき消されてしまったのである。ただし、立花レポートには、『国会タイムズ』で指摘した事実のほぼすべてが掲載されていたという。

また、同じ頃、五味は三越百貨店の岡田茂社長と、「三越の女帝」ことアクセサリーデザイナーの竹久みちとのスキャンダルも追及している。

さらに五味は、誰もが恐れて避けるような右翼の超大物である笹川良一にも14年にわたって容赦なく噛みつき、のちに「リクルート事件」でやり玉に挙げられる江副浩正社長についても事件が弾ける2年前から叩いていた。一度、食いついたら何があっても離さない、ブラックジャーナリズムの雄も、２００８年に死去している。

第一勧銀を操った魔術師

総会屋

小池隆一

こいけ・りゅういち　1943—

新潟県生まれ。小川薫の下で総会屋活動を開始。1980年代は児玉誉士夫の流れをくむ木島力也に師事。木島の威光をバックに巨額の資金を第一勧銀および4大証券会社から引き出した。1997年、大規模の金融スキャンダルが発覚し逮捕。

1997年、戦後の金融史上、最大規模の140億円を超える「不正利益供与事件」が発覚する。供与した側の企業からの逮捕者は、第一勧業銀行をはじめ、野村證券、大和証券、山一證券、日興証券の4大証券会社など合わせて30人以上を数えた。

だが、受け取った側は小池隆一、ただ一人だった。つまり、たった一人の総会屋に、名立たる金融機関が操られていたのである。また、捜査中には第一勧銀の宮崎邦次会長が自殺を遂げるなど、世間の耳目を大いに惹きつけた事件には、経済事犯の取り扱いには慣れている大手紙の経済部記者や、経済部門を専門とする捜査員らも驚きを隠せなかったとされる。

1968年頃、25歳で新潟から上京した小池は、当時、すでに青年総会屋として業界で名前を轟かせていた小川薫率いる小川企業で働き始める。誰よりも優れていたのは調査能力と舌鋒の鋭さ。とりわけ弁舌は、やたらにまくし立てるのではなく、地道な調査により相手の家族構成や経済状況から浮かび上がった事実を片っ端から積み上げていった。そして、思い通りに事が進めば、そこからは沈黙を守るというスタイルを貫いた。

次第に総会屋の仲間内では、「小川企業に活きのいい奴がいる」との噂が立ち始める。それを聞きつけたのが木島力也だった。すぐに両者は師弟の間柄となり、木島にとっては自分の庭に等しい第一勧銀を小池に託し、巨額利益供与事件が発覚する4年前の1993年に木島はひっそりと亡くなっている。小池は1999年に懲役9月、追徴金約7億円の判決を受けて服役。出所後、夫人の故郷である鹿児島に一家で移住し、経済の表舞台から姿を消した。

コラム「戦前」の黒幕たち

「満州の夜の帝王」と呼ばれた**甘粕正彦**（1891―1945）は陸軍軍人。関東大震災のどさくさまぎれに無政府主義者・大杉栄、伊藤野枝らを殺害したとされる「甘粕事件」（1923年）の首謀者であり、映画『ラストエンペラー』の登場人物の一人としても知られる。

3年間の服役後、フランス留学を経て満州へ渡り、満州国建国に暗躍。阿片ビジネスを展開し「甘粕機関」を設立した。

1931年の「満州事変」では中国人の犯行に見せかける爆破工作を主導、謀略のコントロールタワーとして暗躍した。「昼の満州は関東軍が支配し、夜の満州は甘粕が支配する」と呼ばれたほどである。

その後、満州映画協会（満映）理事長となり豊富な資金をバックに引き続き当地での権力を掌握したが、終戦（1945年）5日後の8月20日、青酸カリで服毒自殺した。54年の生涯を締めくくる辞世の句は「大ばくち　身ぐるみ脱いですってんてん」だった。

戦後、内閣総理大臣として日本の復興を指揮した**吉田茂**（１８７８―１９６７）は戦前、外交官として活躍していたことは案外知られていない。外務省の同期入省者には、Ａ級戦犯として死刑になった広田弘毅（首席で入省）がいる。

吉田は一貫して「反開戦」の交渉人として動き、米大使らと頻繁に面会してはさまざまな手法で開戦の阻止に動いたが、終戦の直前にはついに拘束されている。だが、この経験が戦後、わが身を救い、広田との命運を分け、やがては「正しかった指導者」の評価を得ることになった。

■伝説の右翼「頭山満」の伝説

玄洋社代表の**頭山満**（１８５５―１９４４）は国家主義運動の草分けとして知られる伝説の右翼である。

その風貌もさることながら「アジア主義」と呼ばれた日本の海外進出を訴え、

孫文や蔣介石、インドのラス・ビハリ・ボースら日本に亡命してきた革命家たちをかくまい、援助するスケールの大きさで広く人望を集めた。

戦局が悪化した1941年、頭山は東久邇宮稔彦王の依頼で蔣介石との和平会談を模索。蔣介石は「頭山となら」と会談を了承したが、「勝手なことをされては困る」と東條英機首相に阻まれ実現しなかった。

晩年は富士山を望む御殿場の山荘で静かに暮らし、囲碁と揮毫を楽しみにしていたという。「俺の一生は大風の吹いた後のようなもの。何も残らん」と語っていたという。

民族主義団体「黒龍会」創設者の**内田良平**（1874—1937）は元祖・大陸浪人。講道館仕込みの柔道とロシア語を武器に23歳でシベリア横断。頭山満の「玄洋社」から独立する形で1901年に設立した「黒龍会」も、中露国境を流れる大河（アムール川。中国名は黒龍江）から取った名である。

1906年に朝鮮統監・伊藤博文に随行して渡韓。1907年、「一進会」会長の李容九と日韓の合邦運動を盟約し、その顧問となった。このとき双方で日韓合邦構想が確認された。この「合邦」計画が結果的に「併合」となったことで李容九は「売国奴」と呼ばれることになってしまった。

その後、満蒙独立運動を指揮するも1937年に死去。多磨霊園に眠る。

■夢野久作の父「杉山茂丸」

明治から昭和初期に政界黒幕を演じたのは作家・夢野久作の父でもある**杉山茂丸**（1864―1935）である。

福岡藩士の長男として生まれ、「玄洋社」主要メンバーとして活躍。若き日には伊藤博文暗殺計画を企て面会にもこぎつけたが、逆に本人に説得され断念したというエピソードを持つ。

金融と経済こそ、日本の近代化への条件であるとの持論から、1898年には渡米し金融王と呼ばれたJ・P・モルガンと単独面会。工業資本の供給を目的とする興業銀行設立運動を展開した。

豊富な人脈を背景に、台湾統治や日露戦争の幕引きなど、歴史の要所で時の権力者に献策を続けた杉山であったが、確固たる事業や資金力があったわけではない。むしろ、借金をアイデアで返済しながらフィクサーを演じ切った怪人と呼ぶべきであろう。

明治、大正、昭和を駆け抜けた冒険者・杉山だったが1935年に脳出血で死去。玄洋社の頭山満は、その遺髪が故郷の福岡に運ばれるのを見て人目もはばからず涙を流したという。

その他、戦前の黒幕と呼ばれた男に「血盟団」創設者の**井上日召**（1886―1967）、「玄洋社」初代社長の**平岡浩太郎**（1851―1906）、大陸浪人の**宮崎滔天**（とうてん）（1871―1922）、関東軍参謀の**石原莞爾**（かんじ）（1889―1949）らがいる。

3章　首領

大陸の闇を駆け抜けた阿片王

特務機関員

里見甫

さとみ・はじめ　1896―1965

秋田県生まれ。上海に留学。天津の邦字紙・京津日日新聞の記者となり関東軍や国民党との人脈を築く。阿片密売のための里見機関を設立。のちに満鉄と中華航空の顧問に。戦後はA級戦犯容疑で逮捕されるも不起訴釈放に。

里見甫ほど、オモテ側の輝きとウラ面の暗黒の深さに大きな差異のある人物もいないだろう。

近衛文麿らによって上海に設立された旧制の私立大学・東亜同文書院を卒業。中国で新聞記者となってからは蔣介石らと会見し、国民党との人脈を形成。1928年に、南満州鉄道（以下・満鉄）南京事務所の嘱託となってからは、国民政府に対する満鉄の機関車売り込みに成功するなど、政商としても活躍する。

1932年12月には、満州国のナショナル・ニュース・エージェンシーとして

「満州国通信社（国通）」を設立。事実上の社長に収まる。

このあたりまでは、里見が世界史のオモテ側で見せた活躍と言える。

しかし実のところ、1931年9月の満州事変勃発時にはすでに、奉天特務機関長・土肥原賢二大佐の指揮下で、甘粕正彦とともに諜報・宣伝・宣撫工作を担当。広大な中国大陸に、太い地下人脈を張り巡らせていた。

そして1937年、上海に移り、日本陸軍参謀本部第8課（宣伝謀略課）から依頼されたのが特務資金調達のための阿片売買だった。三井物産などが設立した宏済善堂を拠点に、やはり日本の商社の共同出資で設立された昭和通商や中国の地下組織と連携し、阿片密売を取り仕切る里見機関を運営。そこで得た莫大な利益を関東軍の戦費に充て、一部は日本の傀儡であった汪兆銘政権に供給した。

「阿片王」の異名で知られた里見は戦後、GHQの追跡を受けた。1946年3月に民間人第1号のA級戦犯容疑者として逮捕。しかし訴追は免れた。大陸での特務遂行などで児玉誉士夫、笹川良一らと人脈を築いたが、その後は表舞台に立つことなく1965年に没した。

日本インテリジェンスの祖

内閣副総理

緒方竹虎

おがた・たけとら　1888―1956

山形県生まれ。早稲田大学卒業後に大阪朝日新聞社に入社。同社副社長・主筆にまで出世するが、創業家との確執から1944年に退社し、政治家に転身。自由党総裁、国務大臣、情報局総裁、内閣官房長官、副総理などを歴任した。

「緒方さんは総理を目前にして急逝した。緒方さんの後、日本の政治家たちは情報（インテリジェンス）に目をつぶって半世紀が過ぎた」

警視庁公安部長や内閣情報調査室（内調）室長を歴任した大森義夫は、著書の中でこう述べている。日本インテリジェンスの主流を歩いた大森が称賛するほど、緒方は情報分野における慧眼の士であった。

緒方は早稲田大学卒業後、大阪朝日新聞社に入社。政治部長、編集局長、主筆を経て副社長となり、「二・二六事件」では同社を襲った陸軍将校と対峙して名を馳せた。また、左翼知識人からも評価を受ける一方、国家主義者の頭山満や中野正剛らとも親交があった。

1944年に政界に転じてからは小磯、東久邇宮両内閣で情報局総裁などを歴任。その一方で戦争末期には中国との和平を試みている。

こうした経験から、日本にも強力な情報機関が必要であると認識。その足掛かりとするため、1952年にわずか数人の小さな所帯で内閣総理大臣官房に立ち上げたのが「調査室」だった。これが、のちに「内調」になっていく。しかし大森が述べている通り、緒方はその志を実行に移せぬまま他界してしまった。

もっとも、緒方本人は晩年の相当な期間を、日米インテリジェンスの中心で過ごしていたと考えられている。2005年に機密解除された米国国立公文書館のCIA文書によると、CIAは当時、緒方に対し「我々は彼を首相にすることができるかもしれない。実現すれば、日本政府を米政府の利害に沿って動かせるようになろう」と最大級の評価を与え、緒方と米要人の人脈作りや情報交換などを進めていたという。

総理になれなかった男

自民党副総裁

大野伴睦

おおの・ばんぼく　1890―1964

岐阜県生まれ。東京市会議員を経て1930年に衆院選で初当選。戦後「昭電事件」に連座し起訴されるが無罪に。1957年に初代自民党副総裁就任。児玉誉士夫から信頼され親交を重ねた。読売新聞記者の渡邉恒雄を重用した。

本来、「伴睦」は「ともちか」と読むが、誰からも「ばんぼくさん」や「ばんちゃん」と親しまれ、酒好きで陽気な性格であったという。しかし、副総裁として岸信介政権を支えた時代、児玉誉士夫とのパイプを持つ大野は〝裏の権力者〟としての存在感を発揮していた。

長く裏側から政権を支える仕事を続けてきた大野に、ついに表舞台で脚光を浴びるチャンスが訪れたのは1959年。それは日米安保条約の改定に全力で取り組んでいる岸首相からの、たってのお願いでもあった。日比谷の帝国ホテルの一室に、岸信介、大野伴睦、河野一郎、佐藤栄作、「永田ラッパ」で知られる大映の名物社長・永田雅一、そして戦後最大のフィクサー・児玉誉士夫らが一堂に会していた。

その場で岸は大野に迫った。

「安保さえ改定できたらすぐに退陣し政権を渡す。どうか協力してほしい」

永田は誓約書の作成を提案した。そして、安保改定まで岸政権に協力する代わり、総理は岸、大野、河野、佐藤という順番で回す、という誓約書に4人が署名したのである。

大野は天にも舞い上がる心持ちだったかもしれないが、待てど暮らせど本人に総理のイスは巡ってはこなかったのである。実際の総理になった順番は、岸、池田、佐藤だった。河野が岸へ反発する態度を明らかにしたために、岸が不信感を抱き、「誓約書」を勝手に反故にしてしまったのだ。

この出来事をきっかけに、大野は終生、岸を憎むこととなった。「総理になれなかった男」は1964年、失意のうちに世を去った。

田中派「最強軍団」の大番頭

自民党幹事長

橋本登美三郎

はしもと・とみさぶろう　1901—1990

茨城県生まれ。朝日新聞を退社後、衆院選落選を経て潮来町町長。「三度目の正直」で国会議員に。運輸大臣在任中の1970年に「よど号ハイジャック事件」が発生、主管大臣として犯人側との交渉に当たった。ロッキード事件で有罪判決。

かつてNHKに君臨し、北朝鮮の金正日になぞらえ「エビジョンイル」とまで呼ばれた元会長の海老沢勝二。その背後に控え、海老沢の守護神となったのが、元自民党幹事長で郵政族の実力者だった橋本である。

NHK内部には長らく、縁故採用や情実人事がはびこり、政治家の子弟や後援会関係者、特に郵政省（現・総務省）や族議員らの推薦には「最大限の配慮」がなされてきたという。そして、そうして築かれた人脈の頂点に立ったのが海老沢であり、橋本であったのだ。

橋本は1927年に早稲田大学を卒業後、朝日新聞社に入社。満州特派員となったのを皮切りに中国で活動する。南京を日本軍が占領した際には、部下の記者を15人ほど引き連れて一番乗りしたことで知られる。戦後、政治家に転身し、1949年の衆議院選挙（旧茨城1区）で初当選。郵政族議員となり、特殊法人としてのNHK設立に尽力したことで、のちの影響力の土台を築く。

自民党では佐藤栄作の側近となり、田中角栄、保利茂、愛知揆一、松野頼三とともに「佐藤派五奉行」の一角を占める。

1964年の佐藤内閣発足後は、官房長官、建設大臣、党総務会長、運輸大臣を歴任。これに続く「角福戦争」では田中派の大幹部として、田中内閣成立に貢献した。田中内閣では自民党幹事長に就任。郵政族のドンであった田中とともに、NHKに対する影響力を絶対的なものとした。

だが、1976年にロッキード事件で逮捕・起訴され、自民党を離党。1980年の落選を受けて引退した。裁判では一審・二審で懲役2年6月・執行猶予3年、追徴金500万円の判決を受け、1990年1月19日に死去した。

自民党最強のナンバー2

自民党幹事長・副総裁

川島正次郎

かわしま・しょうじろう　1890―1970

東京都生まれ。内務省から政界に転身。戦後、公職追放を受け復帰後の1955年、鳩山内閣で初入閣。岸政権では幹事長に起用され、日米安保条約の改定に奔走。派閥力学を駆使した処世術で党内ナンバー2の座を維持した。

東京・日本橋に生まれた川島正次郎は、専修大学卒業後、内務省警保局に入省し、選挙の際に情報を集めて分析する部署に配属されたことをきっかけにして、政治に関心を持った。そして、1928年の総選挙に出馬し衆議院議員に初当選を果たし立憲政友会に属した。さしたるコネもなく、政治の表舞台に出る機会にはなかなか恵まれなかったが、政友会の先輩の前田米蔵から「政界では欲を出さず、ナンバー2でいることが大切」とアドバイスされた。

川島の実務調整能力にスポットライトが当たるのは戦後の1955年、第2次鳩山内閣で自治庁長官・行政管理庁長官として9回目の当選でようやく初入閣してからと言われている。そこで小選挙区制導入を狙う鳩山一郎首相の意を受け、「ゲリマンダー」ならぬ「ハトマンダー」と呼ばれた小選挙区法案を提出。川島はその仕事振りから自民党内でも一目置かれるようになる。

川島は、1962年に岸派解散後、川島派として独立。議員数は20人弱と決して大きな派閥ではなかった。しかし、派閥構成員17人ほどで閣僚ポスト1つを割り振るのが当時の人事慣行だったので、20人程度を擁していれば確実に大臣ポストを1つ確保できた。川島は自派の結束を固め、常にキャスティングボートを握る位置を確保することで、自民党副総裁というナンバー2のポジションをキープすることができた。

政局のキーマンとして暗躍しただけではなく、1964年の東京五輪担当大臣として大会を成功させた。また1968年の沖縄返還では、アメリカ政府に返還の約束を取りつけたのがこの川島であったことが、近年公開された米国国立公文書館の外交機密文書から明らかになっている。

政界を斬る「カミソリ」の切れ味

内閣官房長官・自民党副総裁

後藤田正晴

ごとうだ・まさはる　1914―2005

徳島県生まれ。東京帝大法学部在学中に高等文官試験に合格。卒業後、内務省へ。1969年、警察庁長官に就任。1976年の衆院選で初当選。中曽根内閣では官房長官を務め、リクルート事件で竹下内閣の崩壊後は総裁候補に挙がった。

1972年2月19日、長野県の軽井沢にある河合楽器の保養所「あさま山荘」に、極左集団の「連合赤軍」メンバー5名が、山荘の管理人夫妻の夫人を人質にして立てこもる事件が発生した。連日、警察と立てこもり犯との攻防の様子がテレビ中継され、発生から10日目の28日、警視庁と長野県警の機動隊員らが、山荘内に飛び込んで犯人らの身柄を確保するとともに、人質も無事に救出することに成功した。このとき、警察側のトップである警察庁長官だったのが後藤田正晴だった。

事件解決から4ヵ月後に後藤田は長官職を退いた。通常、エリートの警察キャリア官僚が退職すれば、いわゆる「天下り」先として、警備関係や遊興関係企業の高給ポストが用意されている。だが、後藤田はそうした道を選ばなかった。わずか1ヵ月後には、田中角栄内閣における内閣官房副長官として首相官邸に入っている。

そこで議員バッジのないことによる差別的な扱いを肌で知り、政治家を志すこととなる。62歳のとき、2度目の挑戦で衆議院議員に当選して以降、大平正芳首相時代に初入閣を果たし、中曽根康弘首相の下で官房長官として辣腕を振るった。その後、宮澤喜一内閣で法務大臣に就任し、副総理も務めた。1993年の自民党「55年体制」の崩壊は、後藤田がもっとも首相の座が近づいた瞬間だった。自民党からも、自民党を割って出た非自民の政党からも首相に就任してほしいとの声が上がったが、ついに首をタテに振ることはなかった。

1996年に政界を引退後は、政・官界のご意見番として、あらゆるマスコミを通して辛口コメントを残し、2005年に91歳で死去した。

角栄も恐れた「山梨のドン」

自民党副総裁

金丸信

かねまる・しん　1914－1996

山梨県生まれ。田中角栄に認められ、第2次田中内閣で入閣。中曽根内閣では幹事長、副総理を務める。竹下登と経世会を立ち上げ田中派から独立。竹下内閣失脚後も1992年の佐川急便事件で議員辞職するまで、永田町に君臨した。

1958年、地元の山梨県から出馬して衆議院議員に初当選した金丸信の同期には竹下登、安倍晋太郎らがいた。特に竹下とはウマが合い、のちに子どもどうしを結婚させ姻戚関係を結び、終生にわたって付き合うこととなる。

その後、党内で破竹の勢いを見せる田中角栄に近づき、1972年の総裁選に出馬を決めた田中を応援。田中も金丸の支援には恩義を感じ、ここで両者の間には強い信頼関係が築かれ、金丸は田中派の一員となり第2次田中内閣では初入閣を果たしている。

以降、金丸が政権の中枢を渡っていくなかで体得したのが、「夢の実現までは耐え忍ぶ」という気構えだった。だから、心底嫌いだった中曽根康弘首相の下で、幹事長や副総裁など要職を歴任しながら支えることができた。また、機を見て素早く行動に移すことも忘れなかった。それが1985年の田中派内での「創政会」の結成とされる。1987年に「創政会」は「経世会」として独立を果たし、竹下が首相になると金丸は会長に就任。振り返れば、金丸が竹下内閣の黒幕であったこの時期が、政治家としてのピークで、そこから急降下を始める。

1989年には消費税導入で竹下内閣の人気がガタ落ちし、「リクルート事件」で退陣。翌1990年、金丸は北朝鮮へ日本社会党議員らとともに訪朝団を結成して渡航し、国交正常化と統治時代の補償を約束したが、帰国後に「土下座外交」として非難を浴びた。また、1992年には東京佐川急便から5億円のヤミ献金が発覚。副総裁を辞したが、世間からのバッシングはやまず、ついに議員辞職に追い込まれた。その後も脱税容疑で逮捕され、家宅捜索で金の延べ棒が発見されるなど数十億円に及ぶ不正蓄財が発覚すると政界での力を失った。

忍耐での上がったキングメーカー

内閣総理大臣

竹下登

たけした・のぼる　１９２４―２０００

島根県生まれ。島根県議を経て1958年に国政へ。1985年に田中派内で創政会を立ち上げ、1987年に経世会として独立、首相に就任。リクルート事件で退陣に追い込まれるが、最大派閥の領袖として君臨し続けた。

田中角栄派の番頭格だった竹下登と福田赳夫派の後継者である安倍晋太郎は、１９５８年初当選の同期生。田中と福田という両派閥の領袖同士は「角福戦争」と言われるように常に争っていたが、「安竹」は対照的に仲の良い関係を続けた。

１９８２年に発足した中曽根内閣で、竹下は大蔵大臣、安倍は外務大臣に就任。そのまま２人とも４期連続で３年８ヵ月にわたって務めたが、したたかな中曽根は安竹を両輪として、政権の維持と次世代のリーダー養成を進めていた。

竹下は蔵相を務めていた１９８４年の暮れから、ひそかに盟友である金丸信とともに「創政会」の立ち上げの準備を始めていた。

しかし、田中は1976年の「ロッキード事件」で刑事被告人の立場にあったとはいえ、虎視眈々と復権を狙っていた。竹下は不用意に動けば、田中によって自身が排除されると気づいていたが、それでも盟友・金丸信と組んで「創政会」を立ち上げる。さらに1987年、「創政会」を「経世会」として完全な独立を図った。これに田中は激怒して竹下を絶縁。同時に右翼団体・皇民党による「ほめ殺し」キャンペーンが展開される。

このとき竹下は攻撃にじっと耐え、東京・目白の田中邸へ謝罪に出向いたが、門前払いされる屈辱を受ける。だが、結局は多くの田中派議員をまとめ後継総理の座を勝ち取った。

その後も消費税導入という、絶対に必要だと分かってはいても評価されることはない仕事を任され、嫌われ役を演じたが、そうした際でも誰かを非難するようなことはなかった。1988年に発覚したリクルート事件でも竹下はじっと耐え、1989年の退陣後も政治生命を持続させたのである。

総理も口出しできぬ「税調」のドン

自民党税務調査会会長

山中貞則

やまなか・さだのり　1921—2004

鹿児島県生まれ。台湾国民学校で教職に就いたのち1946年に復員。新聞記者を経て1953年に国政へ。1958年、大蔵政務次官に就任以降、税制の大家に。1979年に自民党税調会長に就任。「税調のドン」と呼ばれ数々の伝説を残した。

自民党内には政務調査会と呼ばれ、党が推進を目指す政策を検討する機関が、金融、司法制度、観光立国などいくつも存在している。それらのなかでも筆頭格を占めているのが税制調査会。かつて、「日本の税制のすべてを決定する機関」と言われ、各種業界団体の代表や、高級官僚、総理大臣さえも逆らえないほど強い影響力を発揮していた。事実、税調でまとめられた意見の大半が、税制改革に反映されてきたのだ。

そうした税制界で隠然たる力を持ってきた自民税調が、もっとも存在感を発揮したのが、山中貞則が会長のイスに座っていた時代だと言われている。「インナー」と呼ばれる税調メンバーのトップに長く君臨し、名前を音読みして「テーソク」と恐れられた。山中は「税のことは50年しかやっておりませんので分かりません」とうそぶき、党内どころか政界・官界でも税制の知識でかなう者はなかったとされる。

山中は豪快で破天荒な政治家として知られ、伝説も数多い。地元の鹿児島県議会議員選挙では、背中に「民族再建」というのぼりをくくり、馬にまたがって選挙区を回った。また、衆議院議員に初当選した際、国会で当時の総理大臣、吉田茂に挨拶して無視されたため、「こら待て、吉田」と怒鳴りつけ、乱闘寸前の騒ぎを起こした。

1989年の消費税導入時、一度5％と決まった数字を独断で3％に改め、大蔵省幹部らを大慌てさせたが誰も異議を唱えられなかった。山中は生活保護世帯に配慮して3％へと変えさせたのである。傲慢、不遜、無礼と陰で叩かれた山中だったが、常に弱者の目線で税制改革を進めていた。

竹下派を束ねる「参院のドン」

参議院自民党幹事長

青木幹雄

あおき・みきお　１９３４―２０２３

島根県生まれ。早大在学中に竹下登の秘書となり中退。島根県議時代は、竹下の地元の秘書役として活動。1986年に国政へ。竹下の黒子役を担って永田町の実力者へと成長を遂げる。竹下派の後継者争いでは小渕を支持した。

青木幹雄は早稲田大学の弁論クラブ「雄弁会」に在籍していた際、同じ島根県出身の竹下登元首相の選挙運動を手伝ったことから、大学を中退して地元に帰って秘書となった。ちなみに、雄弁会では幹事長を務めたが、副幹事長は森喜朗元首相であった。

秘書から島根県議を務め、参議院議員へ転身したのは１９８６年の中曽根康弘政権下で、竹下はその選挙後に自民党幹事長を拝命している。

ここから青木は出世街道を異例のスピードで歩んでいく。１９９８年には自民党の参議院幹事長に任命され、翌1999年には初当選からわずか10年余りで、第2次小渕恵三内閣において官房長官という政権にとってナンバー2のポストに就任する。初入閣でこのポストに就くのは青木が初めてであった。

そして同じ頃、竹下は体調を崩し入院するようになると、「経世会」の象徴とされた国会近くにある「秀和永田町TBRビル」4階の竹下事務所を竹下・青木事務所として、竹下が座っていたイスに我が物顔で青木が座るようになったという。青木は「参院のドン」と恐れられ、強い影響力を及ぼした参議院自民党は「青木党」とまで揶揄されるほどだった。

2000年6月に竹下は亡くなり、死の直前に病床から引退声明を発表したが、このあたりの演出はすべて青木が取り仕切っていたとされ、竹下の財産のほとんどを手中にしている。「竹下さんは俺の言うことなら何でも聞く。俺が引退しろと言えば引退する」と周囲に吹聴していたものだから、竹下派の面々も黙り込むしかなかったという。2010年5月14日に病気により国会議員を引退したが、その日はかつて官房長官として支えた小渕元首相の命日であった。

難病と闘う医療界の風雲児

医療法人「徳洲会」創設者

徳田虎雄

とくだ・とらお　1938―

鹿児島県生まれ。阪大医学部卒。1975年に医療法人徳洲会を設立。全国各地に病院建設を推進し「医療界の風雲児」と呼ばれた。1990年に衆院選初当選。村山内閣では沖縄開発庁政務次官。筋萎縮性側索硬化症で2005年に政界引退。

徳田虎雄は、まだ米国占領下にあった鹿児島県奄美諸島の徳之島から、裸一貫で大阪に出て大阪大学医学部を卒業後、徳田病院を立ち上げた。それから30年ほどで施設数約400、従業員数約3万8000人、売上高約4700億円という日本最大級、世界でも屈指の規模を誇るマンモス特定医療法人「徳洲会」を築いた「医療界の風雲児」だ。

1990年の衆議院選挙に無所属で初当選して以降、4期にわたり代議士を務めた。2005年、体調の悪化から政界を引退すると発表。後継として同年9月の衆議院選挙に次男の徳田毅が立候補して当選を果たした。実は、徳田は2002年頃から筋萎縮性側索硬化症なる不治の難病に罹り、いまでは四肢はおろか話すこともままならないという。それでも、文字盤を使ったコミュニケーションにより、彼は病床から静岡徳洲会病院など4ヵ所に総合病院を相次いで立ち上げたうえ、何とブルガリアにまでソフィア病院なる総合病院を立ち上げている。

ところが、驚かされる事態が2013年に発覚する。創業者親族とのトラブルで徳洲会グループを追われた元事務総長のリークにより、前年の次男・毅の衆議院議員選挙で、総帥の徳田を中心とする徳洲会グループが、選挙運動に職員を派遣した際に勤務先の病院などから給料や交通費を支給するなど、組織ぐるみの選挙運動を行っていたことが明らかになったのだ。

徳田は病状を鑑みて起訴猶予となったが、責任を取る形で徳洲会グループの医療法人に関する要職を退き、総帥親族やグループ幹部らは立件され有罪判決を受けた。さらに、女性問題も明るみとなった毅は政務官を辞任し衆議院議員を辞職している。

「生長の家」出身の政界仕事人

参議院自民党会長

村上正邦

むらかみ・まさくに　1932―2020

福岡県生まれ。「生長の家」職員を経て「政界の総会屋」と呼ばれた玉置和郎議員の秘書を14年間務める。1980年に国政へ。1992年の宮澤内閣で初入閣。1995年、参院幹事長に就任。2000年「KSD事件」で証人喚問を受け翌年に逮捕される。

村上正邦は1956年、強面の応援団員として活躍後、拓殖大学を卒業。一般企業を経て、宗教団体「生長の家」に職員として入り、自民党参議院議員の玉置和郎の秘書を務める。1980年に2度目の挑戦で、生長の家の組織票をバックにして初当選を果たす。

その後、生長の家が創始者・谷口雅春の死を境にして政治の世界とは一線を画す方針を打ち出したことで関係は切れる。以降はKSD（中小企業経営者福祉事業団）を支持母体として政治活動を継続するようになった。

14年間にわたって村上が秘書を務めた玉置は「元祖参院のドン」「政界の総会屋」「寝業師」と呼ばれた。その生きざまとともに、玉置が元祖とされる宗教団体を集票母体とする手法や、困難な党内工作を一手に引き受けることで存在理由を発揮するといったスタイルを学んだという。のちに村上が「ドン」と呼ばれるようになったのも、この玉置の直系の後継者とみなされていたことが大きかったようだ。

村上は順調に当選を重ね、1992年には労働大臣として宮澤喜一内閣で初入閣し、1995年には参議院自民党幹事長、1999年には参議院自民党会長に上り詰める。「参議院の法王」「村上天皇」と異名を取るほどに「参院のボス」として、その影響力を発揮した。

2000年に小渕首相が病に倒れた際、密室で総理が決められたが、その「5人組」のうちの1人がこの村上だった。しかし、直後に「KSD事件」により、村上の側近の参議院議員が逮捕され、村上は証人喚問を受ける。その後逮捕され、2008年に実刑判決が確定し収監。2009年10月に仮釈放された。

小泉政権を演出した派閥の領袖

内閣総理大臣

森 喜朗

もり・よしろう　1937―

石川県生まれ。産経新聞記者を経て国政へ。第2次中曽根内閣で文部大臣として初入閣。2000年に小渕総理を引き継ぎ総理大臣に。度重なる失言で1年で退陣するも自派閥から小泉、安倍、福田ら総理大臣を輩出した平成のキングメーカー。

福田赳夫内閣で首相への登龍門とされる官房副長官を経験、1983年に第2次中曽根内閣で文部大臣として初入閣を果たした森喜朗。竹下内閣、海部内閣では入閣のチャンスもあったが、1988年の「リクルート事件」に関与していたことから、一時謹慎を余儀なくされ、結果的に入閣を辞退することとなった。

その後は通産大臣、建設大臣、自民党では政調会長、総務会長、幹事長と三役を歴任するなど、順調にキャリアを重ねてきたはずだが、まだこの時点では政治家として印象が薄かった。

唯一、スポットライトが当たったのは「阪神淡路大震災」「地下鉄サリン事件」が発生した1995年で、森は党で幹事長を務めていた。森は社会党の村山富市首相が「第一党ではない党首が内閣をつくると過渡的になる。過渡的な内閣は仕事をしていくのに限界がある」と吐露していたと暴露してしまったのだ。この後も森の失言癖は繰り返されることになる。

総理争いに先行した小渕は2000年に急逝し、森は同年に首相に就任する。だがその過程で、当時の自民党有力議員の森、野中広務、亀井静香、青木幹雄、村上正邦の5人が密室で話し合って決めたとの疑惑が、世間でも広く知られたことで人気は低迷。さらに2001年にハワイ沖で日本の実習船「えひめ丸」が米国潜水艦と衝突沈没事故を起こした際、ゴルフを続けたことが発覚し退陣となった。総理在任期間は約1年だったが、2000年5月から8年以上の長きにわたり、自民党は森派（清和会）の総理大臣が続いた。まれに見る高支持率を維持した小泉政権がその中心だが、森はこの間、派閥オーナーとして君臨。「平成のキングメーカー」となった。

「差別」と闘った不屈の政治家

内閣官房長官・自民党幹事長

野中広務

のなか・ひろむ　1925―2018

京都府生まれ。府議などを経て1983年に国政へ。自治大臣、国家公安委員長、内閣官房長官、自民党幹事長を歴任。小渕内閣では「陰の総理」と呼ばれた。2003年、政界引退の直前、「部落出身者を総理にできない」との麻生太郎発言を批判。

「『あいつ』が、『野中』がどうして町長や、府会議員や府副知事をやり、衆議院議員までもやる男になったんだろう？（中略）皆が『どうして彼が』と感じて当然と思う。ただ一筋にこの道を走ってきた私ですら、自分自身よくこの険しい山道を登ってきたなあと考えるのだから」

野中広務が代議士になって間もない1986年に出身中学校の同窓会誌に寄せた一文である。文中の「険しい山道」の言葉には、被差別部落出身者である自分が差別を乗り越え、国会議員にまでなれたことへの自信と哀しみが込められている。しかし、それまでに受けた差別による屈辱の記憶が生々しいためか、野中は差別体験を公の場で語ることはほとんどなかった。

また、人一倍、厳しく険しい道を歩んできたこともあって、野中は根性も度胸も並はずれており、納得できないことがあれば年長者、役職上級者、警察、マスコミだろうと相手を構わず突進していった。逆に、ハンセン病訴訟の元患者らのような、長年にわたっていわれのない差別を受けてきた人々には、優しく寄り添って目線を合わせ、発する言葉に耳を傾けることを徹底した。官房長官時代に原告や弁護団と面会して、国の責任を事実上認めた野中を、彼らは「痛みの中に身体を置ける人」と称して讃えたとされる。

2001年、森喜朗首相の退陣を受けて、野中首相待望論が湧き上がった。しかし、野中は「200パーセントない」と断言し、実際、総裁選には出馬しなかった。もし、首相になったとしても、一部の議員からは協力を得られないことが目に見えていたからかもしれない。永田町ほど差別意識の強い場所はないと野中は知り尽くしていたのだ。

世論を操ったメディアの巨魁

読売新聞グループ本社代表取締役主筆

渡邉恒雄

わたなべ・つねお　1926—

東京生まれ。東大卒業後、読売新聞社に入社。政治部記者として大野伴睦の番記者となり永田町の人事への発言力を持つ。中曽根政権誕生の立役者とも言われる。読売新聞社社長、読売巨人軍オーナー、日本新聞協会会長などを歴任。

1960年代のはじめ、東京では夜な夜な、日韓国交実現に向けた両国要人の裏交渉が進められていた。韓国側にとって特に重要だったのが、自民党のキーマンで交渉慎重派の大野伴睦を説得することだった。そして、そうした場には読売新聞記者の渡邉恒雄が必ず同席。大野が消極的な態度を見せると渡邉は「おやじ、私たちがいるじゃないか。元気を出せ！」と言ってハッパをかけ、国交実現へ向け背中を押したという。

当時、渡邉はまだ30代半ばである。記者としての腕も優秀で、だからこそ読売の社主・正力松太郎の眼鏡にかない、大野伴睦の番記者の座に収まることができた。

権力への入り口を見つけてからは、水を得た魚だった。足しげく大野邸に通い、大野が国会に出かけるときにはクルマに同乗。自民党政治家のゴーストライターを引き受けて週刊誌の論説執筆を任され、いつしか大野派の「閣僚推薦権」まで握るようになった。

大野から得た絶大な信頼は、やがて中曽根康弘と盟友関係を結ぶ機会を渡邉にもたらした。中曽根が１９５９年に第２次岸内閣の科学技術庁長官として初入閣した際、その人事を決定づけたのは、渡邉を介して取り付けた大野からの支持だったのだ。

読売新聞のトップに就任以降は「まったく興味がなかった」というプロ野球に対しても、権力者の立場からさまざまな影響を与えるようになる。ジャイアンツ人気と読売グループの巨大メディアを武器にプロ野球界に君臨するようになった。一時は「死亡説」も流されたが、95歳を過ぎいまなお健在である。

田中派の金庫を握る「越山会の女王」

田中角栄秘書・政経調査会主宰

佐藤昭子

さとう・あきこ　1928―2010

新潟県生まれ。角栄との絆は深く、事務所の金庫番を任される。「越山会の女王」とも呼ばれた。角栄死後、田中眞紀子と対立関係にありつつも、その権勢はしばらく続いた。角栄との間に認知されていない娘がいる。

1946年の衆議院選挙で、田中角栄という男に出会うことがなければ、佐藤昭子の人生は間違いなく大きく変わっていただろう。

角栄との出会いから6年後、そのときプライベートでは離婚を経験していた昭子は、1952年から正式に田中角栄の秘書として仕えることになる。その角栄との間に一女をもうけたが、認知されなかったこともあり、周知の事実であっても「そうであろう」としておくのが建前であった。しかし昭子の没後、娘が月刊誌に手記を発表、母からは父は角栄だと聞いていて、自らも「オヤジ」と呼んでいたと記している。もっとも、角栄の昭子に対する絶大な信頼は永田町で知らぬ者はなく、また角栄もそれを隠すような器の小さい男ではなかった。

　東京の平河町にあった角栄の個人事務所内には、彼の政治団体・越山会があり、昭子はそこの責任者として大いに権勢を振るった。また、角栄の子分たちの面倒もよく見ていた。特に若手議員の教育係でもあり、彼らからはママと慕われた。それらの名前を挙げてみると、小沢一郎、小渕恵三、橋本龍太郎、羽田孜……などなどのちの首相経験者、大実力者がずらりと並んでいる。彼らとママ・昭子の関係は角栄の死後、田中派が竹下派（経世会）となってからも変わることはなかった。

　かくも角栄からの信頼も厚いうえに、鉄の結束を誇った越山会の会計を任されていた昭子の影響力は絶大なもので、政界キングメーカーの角栄に倣うように、「越山会の女王」とマスコミに呼ばれた。しかし、角栄の妻の娘・眞紀子との対立もあり、もう一人の側近・早坂茂三とともに田中事務所を追われることになる。女王の胸中に走ったものは何だったのだろうか。

今太閤「角栄」のスポークスマン

田中角栄秘書・政治評論家

早坂茂三

はやさか・しげぞう　1930—2004

北海道生まれ。早稲田大学卒業後、東京タイムズ社に入社。政治記者となる。1962年に田中角栄の秘書となり、角栄が倒れるまで23年間秘書を務めた。角栄の長女・眞紀子と対立し田中事務所を離れた後は政治評論家として活躍。

いまに伝えられる昭和の大宰相・田中角栄の実像と考え方の多くは、秘書・早坂茂三によって書き残されたものが多い。新聞記者出身の政策秘書として、早坂は田中角栄の「メディア対策」の指令搭として暗躍し、角栄政権の黒子として異様な存在感を放った。

大学時代、学生運動にどっぷりと身を置いた早坂は、希望する大手の新聞社に就職できず、弱小新聞社だった東京タイムズ社に入社する。政治記者となり、当時自民党内で頭角を現していた田中角栄にとって不都合なスクープを飛ばしたが、次に角栄と顔を合わせると笑顔で「また会おう」と対応され、その後角栄の秘書にスカウトされた。

角栄と同じく「情の人間」として知られ、田中派の政治家、官僚、新聞記者らに対し「角栄学」を伝授し、政権運営の潤滑油となった。あの田中角栄の代名詞とも言えるベストセラー『日本列島改造論』（1972年、約91万部）は、早坂と当時の通産官僚たちによる「合作」として知られている。

新聞記者出身ならではの観察眼で政治家・田中角栄を客観的に観察し、のちに田中角栄の言葉とエピソードを誰よりも詳しく書き残した「功績」は、戦後史に特筆される総理大臣である角栄の魅力と人間像を日本人の財産とした意味において高く評価されるべきと言えよう。

晩年は政治評論家として活躍しながら政界工作人としても暗躍。航空機の座席シートを倒したまま元に戻さず離陸を遅らせるトラブルを起こし、大きく報道されたこともあった。ヘビースモーカーとして知られたが2004年、肺がんのため73歳で死去している。

「女性初」の自民党派閥領袖

参議院議員

山東昭子

さんとう・あきこ　1942―

東京都生まれ。11歳から芸能界に身を置き、多数の映画作品に出演する。その後も司会業など順調な芸能活動を送っていたが、1974年の参院選にタレント候補として出馬し初当選。2019年から2022年8月まで第32代参議院議長。

戦後、いわゆるタレント議員は山ほど出てきた。なかでも作家出身の石原慎太郎、同・青島幸男、芸人出身の横山ノック、宝塚出身の扇千景は、それぞれ、東京・大阪の知事、そして女性初の参議院議長と、政治家として功成り名を遂げるところまで上り詰めた。しかし、与党の派閥の長、それも女性で参議院議員というのは山東昭子その人しかいない(山東派＝番町政策研究所は2017年に解散)。

1974年の参議院選挙全国区において最年少の32歳で当選した山東を政治の世界に導いたのは田中角栄であった。山東自らもホームページ上で、「今は女性政治家が少なすぎる。これからの日本には正論を主張できる女性政治家が必要なんだ。最初からプロの政治家なんていない。山東君、君ならできる！」と強く口説かれたことで、出馬を決意したと述べている。その美貌とともに、クイズ番組で「クイズの女王」と呼ばれ活躍した見識を角栄は買ったのかもしれないが、さすがに派閥の領袖にまでなるとは予想しなかったであろう。

もうひとつ、山東の政治家としての強みは、タレント出身議員としては異例の長期間にわたって選挙に当選していることだ。1992年には小沢一郎と橋本龍太郎の俗に言う「一龍戦争」のあおりか、比例下位で落選という憂き目にあったが（のちに繰り上げ当選）総じて選挙には強く、参議院当選8回というのは過去最多記録である。

科学技術庁長官を歴任するなど、それなりに要職を務めているが、政治のエポックで名前が挙がるというタイプでもない。だが、実はそうでありながら長い間生き残るというのは、並大抵のことではない。やはり、角栄が睨んだように山東には「何か」があるのだろう。

知られざる「総理」の振り付け師

小泉純一郎元政策秘書

小泉信子

こいずみ・のぶこ　1938—

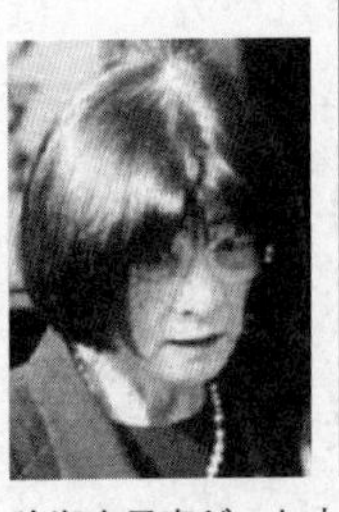

防衛庁長官だった小泉純也の娘であり、総理大臣を務めた純一郎の姉。彫り物を入れた代議士・小泉又次郎は祖父。純一郎が代議士になってからは最側近として弟をサポート。小泉政権時代には文字通り小泉ファミリーの柱石として貢献した。

写真／中国のニュースサイト「光明日報」より

反原発で2014年の都知事選に細川護熙を担ぎ、現在の自民党政権とは距離ができてしまった小泉純一郎元総理。自らの信念を貫き、側近議員を置かず、独断で物事を決める〝変人〟として知られているが、そんな小泉純一郎が唯一の側近だった飯島勲以上に信頼していると言われたのが、実姉の信子である。
26歳のとき、2人の父である純也の秘書として政治の世界に足を踏み入れた信子は、当然のことながら純一郎よりも政治キャリアが長く、当時から永田町では目立つ存在であった。しかし、信子が表に出たのはそれくらいで、純也が死去して純一郎が後を継いで議員になってからは、徹底的に裏方としてサポートに回った。というよりも、その後の純一郎に対する影響力の強さを見ると、このときから「女帝」と呼ばれる下地はできていたのかもしれない。

こんな話がある。純一郎の政治の師とも言える福田赳夫時代から、なにかと派閥の選挙に協力してきたベテラン俳優が純一郎の出馬の際に、応援を頼まれたという。そのとき、小泉サイドの窓口としてベテラン俳優に頭を垂れ、協力を依頼したのが飯島勲と信子であった。彼によれば、連絡事務などは飯島、実際に会うときは信子が中心になったというから、やはり純一郎にとってはもっとも信頼できる存在だったのだろう。

そんな信子だけに、純一郎が総理の座に就いたときには「官邸の女帝」と呼ばれたのは当然の成り行きである。特に政策秘書として小泉事務所の金庫を一手に握る信子は、文字通り、〝首相の金庫番〟として恐れられた。

小泉政権が終わるとともに信子はその姿を消している。まさにつかの間の「黒幕」であった。

コラム　銀座の名店「クラブ順子」ママが語る「昭和」

田村順子と申します。銀座に「クラブ順子」を開店し、はや50年以上がたちました。

東京・西巣鴨のお寺の娘として生まれた私は22歳のとき、銀座のクラブ「姫」の山口洋子ママ（直木賞作家、故人）にスカウトされ、この世界に入ることになりました。

24歳のとき独立し、数寄屋通りのビルの地下1階で「クラブ順子」をスタートさせたのです。１９６６年のことでした。

あれから時代は流れ、銀座の街も変わりました。数え切れないほどの出会いがあり、バブルの良かった時代、そしてその後の銀座が苦しかった時代、すべてをこの目で見てきました。ただ、幸運にも私はこの13坪の小さな店を、同じ場所で守り続けることができ、いまは本当に良かったと心から思っています。

日本の成長を支え、今日の日本を創り上げた「仕事一筋」の男性たち。そんな方々を小さなお店でお迎えするのが私の仕事でありました。私の記憶に残るいくつかの逸話をここでご紹介したいと思います。

■忘れられない開店当時の「大失敗」

私が「クラブ順子」をスタートさせて間もない頃、いまも忘れられない出来事がありました。それは些細なことですが、私にこの仕事の奥深さを教えてくれた事件でもあります。

当時のお客様に、「オロナミンC」で知られる大塚製薬の大塚正士（まさひと）社長がいらっしゃいました。

大塚製薬の創業者・大塚武三郎さんの創業した会社を、日本を代表する大企業グループに育て上げた、中興の祖と呼ぶべき方です。

大塚製薬の本社は徳島県にありましたが、大塚社長は東京にお見えになったとき、よく「クラブ順子」に足を運んでいただきました。

その日、大塚社長がいらっしゃるということで、私は初めて袖を通す、総絞りの白の着物でお店に出勤しました。もちろん、お値段は相当張るものです。大塚社長がお店に入り、私が隣に腰掛けると「乾杯」の音頭があり、社長が水割りのグラスを上に掲げました。

そのときです。グラスの動きが速すぎたのか、中に入っていたウイスキーの水割りが大きくこぼれ、それが座っていた私の着物の膝の上にもろにかかりました。真っ白な着物にみるみる薄茶色の染みが広がったとき、私は悲鳴を上げ、つい口走ってしまったのです。

「あらいやだ。この着物は今日、新調したばかりだったのに……」

そして「事件」は起きました。私の言葉を聞いた大塚社長は、まだグラスに入っていた残りの水割りを、おもむろに私の着物にかけたのです。社長は明らかに怒っていました。おそらく、その場の空気は凍りついていたことと思います。

私は瞬間的に自分自身の間違いに気がつきました。

「今日、新調したばかりだったのに……」

たったその一言が、私の大きな失敗でした。

大塚社長は、私に謝りたかったのです。しかし、その前に私が抗議めいた言葉を口走ってしまった。それは銀座のママとして、致命的な失敗でした。

大塚社長が最初に水割りをこぼしてしまったのは、ご本人も望まないことでした。私は何があろうとも、笑顔でその場を収めなければいけないところだったのです。

ところが、こと着るものにかけてはこだわりの強かった私は、つい我を忘れて余計な言葉を発してしまい、お客様のプライドを傷つけてしまったのです。

これは、一見些細なように思える会話の一言一言が、私たちの仕事においてはきわめて重要な意味を持っているということでもあるのです。そのことに気づかせてくれた大塚社長に、私は感謝しました。

翌日、大塚製薬の方がお店にやってきて、多額の商品券を届けてくださったことを覚えています。着物が汚れたことで騒いでしまった私は、改めて反省に至りは簡単に修復できない場合があります。

着物は、たとえ汚れてダメになってもまたつくることができますが、人間関係は簡単に修復できない場合があります。

大塚社長は2000年に亡くなられましたが、私はいまでも、あの日の出来事を「仕事の原点」として、忘れないようにしています。

■「薬師丸ひろ子」がスカウトされた日

1978年のデビュー以来、角川映画のヒロインとして一躍スターダムに駆け上がったシンデレラガールが薬師丸ひろ子さんです。

現在も女優として、息の長い活躍を続けておられますが、彼女がもしかしたら、「銀座の女」になっていたかもしれないというお話をいたしましょう。

1970年代、「クラブ順子」の常連のお客様の一人に角川書店の社長を務めていた角川春樹さんがいらっしゃいました。

春樹さんが最初に「クラブ順子」にお見えになったとき、当時カコちゃんという女の子がいて、彼女が角川文庫の熱心なファンであったことから意気投合し、贔屓（ひいき）にしてもらうことができたのです。

いつしか、クラブ順子は『犬神家の一族』や『人間の証明』といった角川映画をヒットさせていた春樹さんの「夜の会議室」となり、森村誠一先生や岡田茉莉子さん、ジョー山中さんなど、多くの関係者が夜な夜な映画の打ち合わせをするようになりました。

そんな頃、運転手の高木君が私のところに耳寄りな情報を持ってきました。

「ママ、青山の中学校そばの道を、見たこともないくらい可愛い子が歩いているのを見ましたよ！」

私は即時に反応しました。

「ねえ高木さん、すぐに写真、撮ってきてくれない？」

中学生だとすればまだ、銀座で働くことはできませんが、当時の私は可愛い女の子を狩る「ハンター」でした。

さっそく高木君が写真を撮ってきてくれたのですが、それは私の想像を超える美少女でした。

「ねえ、春樹さん。こんなに可愛い女の子がいたんですよ」

私はそのときお店にいた春樹さんに、ついその写真を手渡して見せたのです。

すると、写真を見た春樹さんの手が止まり、こう言うのです。

「ママ、ちょっとこの写真貸して。どこの女の子なんだろう?」

私は内心「しまった」と思いましたが、いまさら「ダメです」と取り返すこともできません。

その美少女、薬師丸ひろ子さんがいきなり角川映画『野性の証明』でデビューを果たしたのは1978年のことでした。

ものの本によると「偶然、薬師丸の写真を撮った人が、本人に内緒で映画のオーディションに応募していた」と書かれているそうですが、偶然ではありません。だって私が「撮ってきて」とお願いしたのですから。

そして、あのとき薬師丸さんがオーディションに受かることは、最初から決まっていたと思います。春樹さんの表情は「もう決めた!」という顔でした。

人生というのは本当に分かりません。もしあのとき、私が横にいた春樹さんに写真を渡さなかったら。

もし写真を撮った高木君がお店に来る時間がもっと早かったら。

薬師丸ひろ子さんを「クラブ順子」にスカウトしていたのは、この私だったかもしれません。

人生に「もし」はないと言いますが、実際には偶然の出会い、偶然の幸運が、その人の生き方を決定的に変えてしまうことも実際にはあるのです。

■銀座の好況を支えた会社の「接待費」

銀座がいちばん良かった時代のことをお話ししましょう。

いまこうして振り返ってみると、銀座の街全体がもっとも賑わったのは、1980年代後半から始まった、いわゆるバブルの時代でした。

銀座の女性たちはみな着物姿で歩き、冬になると毛皮のコートを身に付けました。着るものも、バッグも靴も、目に見えてみな変わりました。いまよりもうんと豪華で、華やかな装いの女性たちが、銀座という街全体を美しく輝かせていたように思います。

女の子たちが帰る時間になると、電通通りにはポーターが駐車場から運転してきた女の子たちの自家用車がずらりと並び、それは壮観でした。

私は、当時の売り上げがいくらだったとか、どのくらいの利益があったとか、そうした数字を記憶していません。というより、お恥ずかしい話ですが知らないのです。

覚えているのは、混雑してお客様がお店になかなか入れない状況が生じていたこと。お席を譲っていただいたり、工夫して一人でも多くのお客様に座っていただくような手配が多かったように思います。

景気が良くなれば、高級クラブが賑わう――それはその通りなのですが、もう少し厳密に言うと、大きな会社が「接待費」を出すようになって初めて、飲食店はその恩恵にあずかることになるのです。

バブルの時代は特に、その接待費の額が大きかったのだと思います。一般のサラリーマンの方々は、いきなりお給料が2倍、3倍になることはないけれども、接待費、交際費が使えればクラブにも遊びにいける。これがあるかないかで、銀座の景気はまったく違うものになります。

もっとも、「クラブ順子」のように小さなお店ですと、バブル時代でもその恩恵を大きく受けることがありません。

もともと20人も入ればいっぱいになるお店なので、100人、200人と入ることができる大箱店とはまったく経営方針が異なるのです。

ただ、たしかに「客単価」が高くなったことはありました。接待費として毎週必ず150万～200万円を使う企業が複数あり、ずいぶんすごい時代になってきたな、と実感したことは覚えています。

正規のお会計のほかに多額のチップをくださるお客様も多くなって、それが銀座で働くホステスたちにとっては大きかったようにも思います。

私がいちばん「バブル時代」の到来を実感したのは、売り上げよりもむしろ女の子たちの動きが変わったことでした。

銀座のクラブは、お客様が何度も来たくなるような、魅力のあるホステスをいかに揃えるかが勝負です。容姿端麗で接客が完璧な女の子なんて、そうそういるものではありません。オーナーママの私は、お店の最大の商品である女の子たちを、いかにスカウトし、育て上げるか、毎日そのことを考えていました。

ところが、バブルの時代に入ると、それまで見たこともないようなお金の使い方をするお客様が多くなり、人気の女の子が「玉の輿」に乗って、お店を辞めることが大変多くなってきたのです。

せっかく逸材を見つけ、原石を磨き上げても、人気が出るとすぐにお金持ちの男性に見そめられ、結婚してしまう。これは本来おめでたいことなのかもしれませんが、経営者の立場から見ると「死活問題」でもありました。

私がお店を始めて10年くらいした頃ですから1970年代の話ですが、銀座には1000軒のクラブがあって、3000人のホステスさんが働いていると、山口洋子ママから聞いたことがありました。

それがバブル最盛期、土地の値段が高くなったときには5000軒以上に増え、どんなに小さな店でも初期投資が5000万円から1億円はかかると言われるようになりました。物件の数には限界がありますから、値段だけが高くなっていくわけですね。それでも、みんな銀座でお店を開きたいという、そういう時代でした。

あの当時はときどき、入ったばかりの女の子が「電車が終わっちゃう。帰らないと」なんて口走ったりしたら、私が厳しく叱っていました。

「あなた。電車で帰る銀座の女がどこにいますか。〝シューデン〟という言葉は禁止です！」

これは景気が良い、悪いの問題ではなくて、お客様に与える印象が良くないからです。全員、女の子は家まで車に乗せて帰らせるのが私の方針でしたし、当時は少し遅くなれば、必ずお客様が女の子に「お車代」を渡すような、そんな時代でした。

いまは、銀座の女性も電車で帰宅することが多いようです。バブルの時代を知らない世代は、私たちよりもある意味ではお金に細かく、しっかりしているように感じます。なんでもかんでも昔のようにはいきませんし、これも時代の流れかとは思いますが、お金だけを追求してしまうと、伝統ある銀座の街が変わってしまう。それが私の考えです。

■トランクに入っていた現金600万円

1986年、私は夫の和田浩治（俳優）さんと死別したこともあり、精神的には晴れない時期でしたが、長くは落ち込んでいられないほど、お店のほうは忙しくなっていきました。

80年代の後半からはお正月、ゴールデンウィーク、夏休みと、毎年3回、ハワイやヨーロッパに海外旅行に行くようになりました。これもバブルの時代の恩恵だったと思います。お店の女の子たちとファーストクラスでの大名旅行ですから、いま考えると相当に「バブリー」だったと思います。まだ私も若くて体力があったんでしょうね。楽しい思い出しか残っていません。

あの時代、のちに新聞やテレビで有名になる「バブル紳士」と呼ばれるような方々のうち、何名かがよく私のお店にもいらしていました。

ある社長さんは、芸能人カップルの2人を含む7、8人で私の店だけではなく、銀座の高級店を何軒かハシゴした後、クラブのホステスも合流して六本木の高級寿司店に繰り出します。

そのお寿司屋さんでの支払いは150万円くらいだった記憶がありますので、おそらく一晩で500万円以上は使っていたのではないでしょうか。それもほとんど毎日です。

私もこの社長さんにはよく誘われました。

「ママ。女の子も全員連れて、ハワイに行こう」

費用は全額持つと言うのですが、私は丁重にお断りしました。一緒に行っても、お金を出していただく以上、こちらは気の休まる暇がなく、かえって疲れてしまいます。

大阪を地盤とする別の社長さんにはこう言われました。

「ママ、大阪に来たときには絶対に連絡くれや。案内するからさ」

あるとき、仕事で大阪に行く用事ができたので私が連絡すると、社長さんはこう言うのです。

「何色の服を着てくる?」

「多分、グリーンです」

私と連れの女の子の2人が新大阪駅に着くと、なんとグリーンのロールスロイスが待ち構えていました。

「さあさあ、これに乗って」

わざわざ洋服の色に合わせたのでしょうか。私たちは唖然としましたが、もっと驚かされたのは、トランクのスーツケースに現金が500万~600万円も入っていたことです。社長さんはこともなげに言いました。

「それで好きな服でも買えよ」

もらったらどうなるんだろうと思いましたが、女の子の手前もあって、それはやめました。わずか数年後、社長さんがテレビのニュースに出るようになり、会社が破産したことを知りました。

■「店舗拡張計画」を断った理由

もうお亡くなりになりましたが、あの頃、国会議員を務めておられて、90年代後半、出資法違反容疑で逮捕され失脚した国会議員の方も、お店に来られていました。当時は、国会議員だから裕福なのかしらと単純に思っていましたが、後から知ったところでは、高利回りの配当をうたって資金を集めていたものの、返済できずに逮捕されたということでした。この方もある意味「バブル紳士」の一人だったかもしれません。

女の子を集金のために事務所に呼びつけるなど、少し品の悪いところがあったので、あるとき私は意地悪くこう聞いてみたのです。

「先生はどうして政治の道を志したのでしょうか？」

するとその議員の先生がこんなことを話したのを覚えています。

「なあに、電車がタダになるからだよ」

電車というのはおそらく新幹線のことを意味していたのだと思いますが、冗談とはいえ、私は「こんな人が国会にいていいのかしら」と内心、思っていました。結局、そう思う方が多かったんでしょうね。やがて政治の世界から退場することになってしまいました。

「バブル時代」が銀座の街を浮き足立たせたのは事実だったと思います。

当時、何度となくお話があったのは、「クラブ順子」をもっと広い場所に移転しないか、あるいは2号店、3号店、さらに海外にも展開しないかという拡張計画でした。

「順子ママ。このお店の知名度があれば、2倍、3倍……いや10倍は売り上げが上がるよ。いまなら場所を押さえられる。やろうよ」

しかし、私はそのお話を全部お断りしました。

私が目指してきたお店は、本当に私のお店を愛してくださる方々のための、小さなサロンです。それは、古い時代から銀座で看板を掲げてきた多くのママたちとおそらく同じ考えなのです。

私がウオッチングできるのは、この13坪の小さなお店が限界——そう思って、私はバブルの風潮に背を向けていました。一度決めたら、案外頑固な女なのかもしれません。

1990年代に入りバブルが弾けると、多くのクラブが看板を下ろしました。あのとき、周囲にすすめられるままに店舗を拡張していたら、いまのようにお店を続けられたかどうか、自信がありません。

■外交密使「文明子」との出会い

バブルが崩壊したあとのお話をひとつだけ。

知人に紹介を受け、米国・ワシントンに住む韓国人ジャーナリスト・文明子（ムンミョンジャ）先生と知り合ったのは、1990年代の後半のことでした。

日本語が上手な文明子先生は、ときどき日本へやってくると自分でお店に電話をかけてくるのです。

「ジュンコ。私いま東京ね」

「あら先生。いらしてたんですか」

「ジュンコ。いまから行くからね」

いつも黒い洋服に黒いズボン。髪はショートカットで背も低め。いかにも「韓国の普通のおばさん」といった感じの文先生は、当時「クラブ順子」の隣で私が経営していた割烹料理店にやってきては、とりとめのない話をするのが趣味のようでした。

「ジュンコ。今日は〝スシ〟食べに行こうね」

六本木の寿司店に案内すると、文先生は日本の「たくあん」をポリポリとおいしそうに食べるのです。

「ねえ先生、そんな、たくあん……たくわん……たく……あん？　そんなの食べないで。もっとおいしいものがありますよ」

「ジュンコ……」

「なあに、先生」

「ジュンコは政治の匂いがする」

いきなりそんなことを言われて驚いたこともあります。正直なところ、私は文先生がどんなジャーナリストなのか、どんな仕事をしているのかよく知りませんでしたし、先生も私の前で難しいことは一切話しませんでした。

「先生、私、聞きたかったことがあるんです」

「何、ジュンコ」

「韓国の方ってね、カラオケで日本語の歌を歌わせてくれないでしょう。どうしてなのかしらね」

「……」

私のどうでもいい質問に、先生もあきれていたかもしれません。

文先生から、2回ほどこんな誘いを受けたことがありました。

「ジュンコ。北朝鮮に行かない？」

「北朝鮮ですか？」

「ビザを取って北京に来なさい」

そのとき、文先生は驚くようなことを言いました。

「私がね、金正日総書記にね、会わせてあげる」

さすがの私もちょっと信じられないような話でしたが、そのとき文先生がウソをついているようには見えませんでした。

北朝鮮に行こうかな、と思ったこともあります。しかし、文先生のほうも、私をどうしても連れていく、というほどでもなく、話は流れて実現しませんでした。

あれは森喜朗先生が総理大臣になって3ヵ月ほどした、2000年7月のことでした。

いつものように、文先生から突然の電話がお店にかかってきたのです。

「ジュンコ……いま私、東京。これからちょっといい？」

文先生はまた、割烹料理店にやってきました。ただ、いつもとは違い、周囲を警戒するような目であたりを見たのが気になりました。

「ジュンコ。ちょっとこの写真見てね」

私は何枚かの写真を見せられました。それはテレビで何度も見たことがある北朝鮮の最高実力者、金正日総書記と文先生が手をつないで歩いている写真や、まるで何かの証明写真のように、2人だけで真正面を見ている写真もありました。

「ジュンコ。このことは誰にも言っちゃいけない」

　私はちょっとおかしくなりました。

「先生、私はまだ何も言ってないですよ。この写真は……」

「ジュンコ。私と金正日総書記との関係、分かるでしょう。私はいつでも会うことができる」

　私が文先生の目を見ると、彼女はこう続けました。

「日本の官邸の〝エムさん〟に話をつないでほしいの。あなたならできるでしょう。〝エムさん〟が平壌に行けば、拉致問題が解決できるかもしれない」

　文先生の言う〝エムさん〟が、お店にもよくいらっしゃっていた森首相であることは私にもすぐに分かりました。

　とはいえ、こんな重要な話を私が伝えられるわけがありません。

　私は当時、森総理と親交のあった僧侶の先生に相談しました。幸い、総理と直接電話ができる関係だった先生がすぐに話をつなげてくださり、その数日後、森首相と文明子先生はキャピトル東急ホテルで面会することになるのです。

■「ジュンコ、シャラップ！……」

森先生と秘密の会談をもった文先生は、その後しばらく日本に滞在し、私にも連絡がありました。

「ジュンコ。今日、ホテルに来て」

私がキャピトル東急ホテルに行くと、文先生は険しい顔で言いました。

「ジュンコ、シャラップ！……」

「先生、自分で呼んでおいて、シャラップですか。まだなんにも言ってないですってば」

「盗聴されるかもしれないからね。静かにね」

文先生が入っていったのは、中庭がよく見える上のほうの階だったと思います。そこに森先生はいらっしゃいませんでしたが、この部屋で会談していたであろうことは想像できました。

あのとき、2度ほど文先生にホテルに呼ばれたことがあったと思います。どうして私を呼ぶのですか、といった具体的な質問はしませんでした。

森先生が「クラブ順子」のお客様だったことは、文先生も、北朝鮮サイドも知っていたことでしょう。

もしかすると、私と森先生が特別な関係にあって、それが日本側の弱みになるのではないかと北朝鮮側が考え、私が「現場」に駆り出されていたのかもしれません。

もちろん、現職の総理と私が特別な関係にあったならば、外交以前に国内で大きな問題になったでしょうし、それはあり得ない話でした。

私はその後の交渉の経緯をまったく知らずにおりましたが、そのうち森内閣の支持率が下がり始め、2001年4月になって小泉純一郎内閣が発足しました。

同年8月、小泉首相が訪朝するというニュースが流れたとき、私は文先生のことを思い出しました。

私と文先生はお互いに込み入った話をしたことはありませんでした。ただ覚えているのは、「ジュンコは政治の匂いがする」という言葉です。

文先生は２００８年、米国で亡くなりました。私はその後、拉致の問題について文先生から詳しい話を聞く機会は一度もありませんでしたね。

※コロナ禍の２０２０年、クラブ順子は惜しまれつつ閉店した

4章　政商

「強盗」と呼ばれた鉄道王

東急電鉄創業者

五島慶太

ごとう・けいた　1882―1959

長野県生まれ。農商務省を経て実業界へ。私鉄会社の設立と買収を繰り返して堤康次郎と並ぶ鉄道王に。デパート、ホテル、映画、不動産に進出、東急コングロマリットを形成。強引な手法から「乗っ取り王」「強盗慶太」との異名も。

一代で「東急グループ」という巨大コンツェルンを築き上げ、〝鉄道王〟と呼ばれた五島慶太は、同時に「強盗慶太」という異名でも知られていた。なぜか。「五島と商売でつき合うと丸裸にされる」と恐れられるほど、容赦ない企業買収で事業を拡大していったからだ。

帝大出、官僚出身の五島は1920年、官庁を辞すると武蔵電気鉄道常務に就任する。「官僚で収まるには器が大きすぎた」と言われた五島は、まず手始めに目黒蒲田電鉄を設立すると、池上電鉄、玉川電鉄を次々と買収・合併。さらに阪急グループの小林一三を見習い、買収した私鉄沿線の住宅地分譲に着手する。

東京近郊の私鉄を制覇していった五島の次のターゲットは地下鉄だった。五島は東京地下鉄の早川徳次に渋谷―新橋間をレールでつなぎ、渋谷―浅草間で地下鉄を走らせようと提案した。ところがこのプランを早川が拒否。すると五島は東京地下鉄を強引に買収してしまった。さらに同時期に、持ち前の強引さでデパート、ホテル、観光業と次々に事業を伸ばしていった。

五島の後にも戦後日本には小佐野賢治、横井英樹など名だたる乗っ取り屋が現れるが、彼らは「五島門下生」と呼んでいいほど五島の下につき、その手法を学んだ時期があった。ただ五島の場合、9年間の役人経験をいかし、基本的に「官僚」を敵に回すのではなく「うまく取り込んで使う」という発想があり、そうした寝業の上手さは誰もが真似できるものではなかった。

最後の乗っ取りは横井英樹と組んだ東洋精糖の買収。だがその最中に病に倒れた五島は、「寿命をくれるなら全財産をくれてやってもいい」と現世への未練を口にしたという。

反骨を貫いた「電力の鬼」

東邦電力社長

松永安左エ門

まつなが・やすざえもん　1875－1971

長崎県生まれ。福沢諭吉に憧れて慶應義塾に学ぶ。慶應中退後、福博電気軌道の設立に参加、電力事業に携わる。民間主導の電力経営を主張。「電力王」「電力の鬼」と呼ばれ、戦後も電力会社の事業再編に取り組んだ。

福沢諭吉の『学問ノススメ』に感動した若き松永安左エ門は、地元で広く事業を展開していた親の反対を押し切って、慶應義塾に入学する。このとき福沢の薫陶を受けると同時に、福沢の養子となる福沢桃介と知り合う。この桃介との出会いが松永の生涯を決定づけることになった。

松永は桃介と商売を始めたものの、30代で鉱山経営に手を出し財産のほとんどを失う。それでも株式投資で持ち直すと、福岡の市電（福博電気軌道）経営に参加するや、翌年には桃介とともに九州電気を設立。ここから松永の快進撃が始まる。

当時の電力業界は自由競争で激しい競争にあったが、九州電気が東邦電力に発展すると松永は副社長から社長になり、九州、近畿、中部に及ぶまでに勢力を拡大。そして東京進出を図る。松永は東京進出のために子会社の東京電力をつくり、東京電燈と激しい覇権争いを演じた。

松永の喧嘩相手は電力会社だけではなかった。戦時中には政府がかかげる電力国家統制法案に対し、民間主導の電力会社再編だけでなく、戦争反対の主張をも貫いた。1933年、法案を強引に通過されそうになると、軍閥に追随する官僚たちに対して「官吏は人間のクズ！」と言い放ち反対運動を続けた。しかし、法案が国会で通過すると引退を宣言し、埼玉県入間市の山荘に隠棲する。

だが時代は再び松永を求めた。戦後、電気事業再編成審議会が発足し、「国民を敵に回して耐えられるのは松永しかいない」と74歳の松永が会長に選出されたのだ。老境に至っての再登板にも松永の舌鋒が鈍ることはなかった。今後の発展を予測し、国民の大バッシングを受けながら電気料金の値上げを断行。96歳で亡くなるまで反骨を貫いたのであった。

巨大コンツェルン創始者

西武グループ創業者
堤康次郎

つつみ・やすじろう　１８８９―１９６４

滋賀県生まれ。20代の頃から不動産を買収。駿豆鉄道買収騒動で右翼に銃撃され「ピストル堤」との異名を取る。1924年に国政へ。議員を足がかりに都市・鉄道開発に着手する。オリンピックを東京に誘致するも、大会直前に死去した。

21才で早稲田大学政治経済学部政治学科に入学した堤は、在学中から講義そっちのけで１００人もの人を使って鉄工場を経営し、株も手掛けていた。卒業後の１９２０年には「箱根土地株式会社」（のちのコクド）を設立、土地の買収に熱中する。１９２２年には駿豆鉄道（伊豆箱根鉄道）の強引な買収によりトラブルとなって銃撃されている。この事件によって「ピストル堤」と呼ばれることになったが、憑かれたような買収攻勢が止まることはなかった。

避暑地の軽井沢や箱根の土地を買い漁り、旧皇族の土地を次々と入手する。さらに大正の終わりには国立、小平、大泉学園に学園都市をつくり、分譲地を売り始める。これらをわずか8年で行ったのである。鉄道事業を手に入れると同時に沿線開発を進め、現在の西武グループの原型ができあがっていく。

「国全体を考え、国民全部を幸福にするのは、かかって政治にある。それで私は早くから政治を志していた」

のちに「私の履歴書」で本人はこう語っているが、日本軍の敗戦が近づいていた時期に至っても、自宅の地下に2台の電話を引き、空襲のサイレンが鳴り響くなかで延々と電話で土地売買の指示を出し続けた。その土地は戦後、現代の金額にして12兆円に化けたと言われている。

1953年、衆議院議長に就任。50年代から60年代にかけ、堤の野望は「東京五輪」へ傾いていった。1964年に開催される五輪に向け、東京プリンスホテルを建設していた矢先、東京駅のホームで堤は倒れた。五輪まであと数ヵ月であった。死去後、膨大な資産はそれぞれ異母兄弟たちに分けられたが、それは抜き差しならぬ愛憎と確執を生み、現在に至っている。

元祖マルチプロデューサー

大映社長

永田雅一

ながた・まさいち　1906—1985

京都府生まれ。19歳で日活に就職、28歳で第一映画社を設立。「永田ラッパ」と呼ばれた口八丁で業界に知れ渡る。第一映画社解散後、大映の設立に参加し41歳で社長に就任。河野一郎、岸信介らと交流し政界にも影響力を及ぼした。

度胸と山っ気、放埒と独善。そのビックマウスから「永田ラッパ」と称された大映社長・永田雅一は、昭和の「活動屋」としての資質をすべて持っていた。「もともとケンカ好きで、恐れというものを知らなかった」という永田は少年期、京都のヤクザ「千本組」の世話になり、そのツテで19歳で日活大将軍撮影所に預けられる。

勃興期の映画産業は、永田のような野心と才気のあふれる若者にはまさにうってつけの舞台だった。映画会社を渡り歩きながらその手腕を磨き、戦時中の19

42年に大日本映画製作株式会社（のちに大映）を設立、専務取締役に就く。この際、官庁への贈賄をしたのではないかと疑われたが、永田はそんなことはおかまいなしに時代劇でヒットを飛ばして、またたく間に業界のトップに躍り出る。

だが、永田、そして大映の絶頂期は戦後の10年間だろう。各社を渡り歩いていた黒澤明が大映で撮った作品『羅生門』が伊ヴェネツィア国際映画祭で日本初のグランプリ（金獅子賞）を受賞、溝口健二の『雨月物語』も銀獅子賞を獲得。これは日本映画の世界的評価の嚆矢であり、1955年に永田は第1回紫綬褒章を受けている。政界との交流が活発になったのもこの頃で、政治家たちは金回りのいい永田のまわりに群がった。

しかし、その超ワンマン体制から周囲の反発を招くようになるのに時間はかからなかった。『羅生門』も「俺がやったから賞を取れたんだ」とマスコミに嘯き、黒澤は2本を撮っただけで大映を離脱。ほかにも契約をめぐり反旗を翻した所属スターが次々と独立していった。1971年、大映倒産。14年後に永田も永眠したが、映画界への貢献は死後、再評価された。

財界の「黒い機関車」

野村證券会長

瀬川美能留

せがわ・みのる　1906―1991

奈良県生まれ。野村證券入社後、株式部長などを経て1959年に社長就任。児玉誉士夫の資金源としても知られる。1965年には野村総合研究所を設立。財界のドンとして大きな発言力を持った。巨人軍の財界後援会「無名会」副会長も務めた。

豪快な手腕で野村證券を世界的金融機関にまで押し上げ、「ブルドーザー」「黒い機関車」と称された瀬川美能留。証券業界の近代化に大きく貢献したカリスマ経営者は、昭和の裏も表も知り抜いた男だった。

経営者としての先見の明は、戦後間もない時期から表れている。「これからは電力の時代だ」と直感し、いきなり中国電力に「野村の瀬川が参りました」と訪問し、「営業の鬼」として基盤を各業界に広げていった。信条は「人の3倍働けば勝つ」。終戦後の財閥解体で野村一族が退陣したことにより1959年に社長に就任すると、現場を猛烈なノルマ制で締めつけ、「モーレツ証券マン」と呼ばれる野村證券の社風と社格を形成していった。

瀬川の名を高めたのは１９６５年の証券不況である。証券理事会議長として日本証券保有組合の設立などに尽力し、業界のリーダーとしての地位を確固たるものにした。V字回復を果たした証券業界はバブル期に一気に成長し、１９８７年に野村證券はトヨタを抜き利益日本一の企業となる。

当時瀬川は「うちは児玉誉士夫先生に年間２０００万の顧問料を払って、ごたごたをすべて片付けてもらっている」と語っていたという。その関係は相思相愛だった。それは１９７３年の「ジャパンライン株買占め事件」の仲介に乗り出した児玉が瀬川に相談をもちかけ、その謝礼として児玉が瀬川に１０００万円相当のダイヤを贈ったというエピソードにも表れている。

スポーツ界との深い交流も有名であり、巨人軍の財界後援会「無名会」副会長を務めるなど各界に影響力を持っていた瀬川だったが、80年代後半からは体調を崩し、１９９１年に死去した。

昭和の「乗っ取り屋」
東洋郵船社長
横井英樹
よこい・ひでき　1913―1998

愛知県生まれ。15歳で上京、進駐軍の出入り商人として成功を収める。老舗百貨店「白木屋」の乗っ取りを計画。1958年には安藤組組員に銃撃され重傷を負う。1982年、経営するホテルニュージャパンで火災が発生。死者33人の惨事に。

独自に創業した事業を持つことなく、企業を次々と買収して成り上がった元祖「乗っ取り屋」横井英樹。

愛知の貧農の家に生まれた横井は天賦の商才をいかし、進駐軍相手の商売で若くして財を成した。しかし、横井は、およそカネに関して満足することのない男だった。戦後の高度経済成長下、手っ取り早く儲けられるのは土地と不動産であることに気づいた横井は、企業買収=乗っ取りを開始する。

1953年、まず狙ったのが老舗百貨店「白木屋」。経済事件史に残るこの本格的「企業防衛戦争」は、最終的には東急グループの創業者・五島慶太が出馬し、白木屋を買い取る「痛み分け」となった。

だが1958年、横井はその五島と組んで東洋製糖の乗っ取りを謀る。その横井のもとに、安藤組の安藤昇が債権回収代理人として登場。2000万円の返済を迫った。だが、横井の返した言葉は、「なんなら君たちに、カネを借りても返さなくてもいい方法を教えてやろうか」。その数時間後、横井は安藤組構成員に銃撃され、瀕死の重傷を負った。だが横井は体内に銃弾が残ったこの事件さえ、「俺にはタマが3つあるんだ」と嘯くネタにし、次々とレジャー施設を買収してはその経営に乗り出すようになる。

だがそんな不死身の怪物にも1982年、躓き(つまず)の石が現れた。経営していたホテルが燃え、33人の命が失われた「ホテルニュージャパン火災」である。事件から11年後、最高裁で禁固3年の判決が確定した。巨額の未納税額を残したまま他界。妻は4人、子が10人。やりたいことはすべてやりきった横井の人生劇場は、1998年に幕を閉じた。

謎に包まれた昭和史の黒幕

陸軍大本営参謀・伊藤忠商事会長

瀬島龍三

せじま・りゅうぞう　1911―2007

富山県生まれ。満州で関東軍参謀となる。1941年に大本営で作戦参謀となり多くの作戦・指揮に関わる。ソ連軍の捕虜となり11年間シベリアに抑留。帰還後、伊藤忠商事へ入社し、「瀬島機関」と呼ばれた直属部下を率いて辣腕を振るう。

陸軍大学校を優等な成績で卒業し、太平洋戦争下の大本営作戦参謀を務め、戦後は高度成長期に伊藤忠を大企業に押し上げ、さらに中曽根内閣では総理の政治参謀を務める――。戦中・戦後を通してこれほど檜舞台で生き続けた人間は、瀬島龍三をおいてほかにいないだろう。だがその足跡はそのまま、謎に包まれた戦中・戦後の裏面史と重なる。エリート参謀はどのように無謀な戦争に突っ走っていったのか。そしてなぜ戦後によみがえり、政財界のフィクサーとなり得たのか。多くの識者がこの問いを解き明かそうとしたが、やがてヌエのような袋小路に入ってしまう。それは瀬島が残した歴史証言が真実かどうか、検証が必要なテーマが多く、常に「功」と「罪」が二律背反のようにつきまとうからだ。

例えば瀬島のシベリア抑留体験には、いくつかの疑惑があると指摘されている。とりわけ言われるのが「ソ連と密約があったのではないか」というものだ。これは抑留を瀬島の側から申し出たというもので、自身の復員もスパイとしてソ連に協力することを約束した、いわゆる「誓約引揚者」だったという説もある。

瀬島は戦後、伊藤忠商事に入社。「瀬島機関」と呼ばれた組織を率いて、繊維を扱う一商社にすぎなかった伊藤忠を総合商社に発展させた。だが、それは韓国やインドネシアとの国交正常化にともなう巨額の戦争賠償金ビジネスの一環だったとも言われる。瀬島はデヴィ夫人こと根本七保子を〝人柱〟としてスカルノ大統領に差し出したメンバーの一人でもあるからだ。

だが最大の批判点はやはり、司馬遼太郎が批判していた「戦時中、大本営参謀として多くの日本兵を死に追いやったのに、その責任をまったく取っていない」ことだったかもしれない。

未来を予見した「電通鬼十則」

吉田秀雄

電通第4代社長

よしだ・ひでお　1903―1963

福岡県生まれ。メディアの盛衰を読む目は抜群で、1947年に電通社長就任後は絶大な影響力を発揮する。「日本ABC協会」「ビデオ・リサーチ」や広告手数料15%というスタンダードも吉田が主導した。「電通鬼十則」はあまりにも有名。

「俺が電通だ」。普通なら傲岸に聞こえる言葉も、吉田がそう口にする分には異議を唱える者はいなかった。1947年、電通社長に就任すると、財務から服務に至るまで、それまでの因習を一掃。「広告屋」と陰口を叩かれていた代理店業界を、情報（インテリジェンス）を掌握することによって一躍メディア界の血肉に押し上げることに成功する。

吉田がつくった有名な「電通鬼十則」は次の通り。

一、仕事は自ら「創る」べきで与えられるべきでない。

二、仕事とは、先手先手と「働き掛け」て行くことで受け身でやるものではない。
三、「大きな仕事」と取り組め　小さな仕事は己を小さくする。
四、「難しい仕事」を狙え　そしてこれを成し遂げるところに進歩がある。
五、取り組んだら「放すな」殺されても放すな　目的完遂までは。
六、周囲を「引きずり廻せ」引きずるのと引きずられるのとでは永い間に天地のひらきができる。
七、「計画」を持て　長期の計画を持っていれば忍耐と工夫とそして正しい努力と希望が生まれる。
八、「自信」を持て　自信がないから君の仕事には迫力も粘りもそして厚味すらがない。
九、頭は常に「全廻転」八方に気を配って一分の隙もあってはならぬ　サービスとはそのようなものだ。
十、「摩擦を怖れるな」摩擦は進歩の母　積極の肥料だ　でないと君は卑屈未練になる。

「韓流ブーム」の仕掛人

電通会長

成田豊

なりた・ゆたか　1929―2011

父親の仕事の都合で、日本統治下の朝鮮で生まれる。吉田の薫陶を受け、順当に出世街道を進み、1993年に社長に就任。以後、約16年間にわたって組織をリードした。幼少期を過ごした韓国との関係は深く勲章も受けている。

電通をメディア界のトップに押し上げた吉田秀雄が中興の祖であるならば、吉田イズムの薫陶を受けて電通トップまで上り詰めた成田は、電通を世界レベルまで引き上げた最大の功労者と言える。

東大法学部を卒業後、電通に入社した成田は日本各地の地方新聞の広告を取り扱う地方部に配属される。当時、毎日や朝日、それに読売などの大手を担当する中央部が電通の花形部署とも言われたが、広範囲にわたって人脈を築き上げることのできる地方部こそ出世の近道という考えも、社内の有力者にはあった。慧眼な成田は、いち早くそうした実情を把握すると担当である出版広告を通じて、各地方紙はもちろん、クライアントである出版社の奥深くにも食い込んでいく。

1975年、反権力が売りの『日刊ゲンダイ』の立ち上げには広告面だけではなく、電通地方部で培った新聞ノウハウを元にアドバイザー的立ち位置で関わるなど、すでにメディア界のドンの萌芽を見せ始めていた。発行元である日刊現代の社長に出向していた野間惟道(のちに講談社社長)との縁を深めたのもこのときである。

このように、自らクライアントの腹中に飛び込み、やがて主導権を握ってそのメディアに絶大な影響力を発揮するのは成田の典型的手法であり、現在の電通のメディア支配のひな形を創ったのである。「仕事は自ら創るべきで与えられるべきでない」という電通鬼十則の一を忠実に実行したと言えよう。

長野オリンピック開会式や日韓ワールドカップなど、成田が手掛けた歴史的イベントは数多くあるが、電波を含めたメディアを腹中に〝置いた〟成田ならではの仕事だ。

戦後最大の「大物タニマチ」

佐川急便創業者

佐川清

さがわ・きよし　1922―2002

新潟県生まれ。妻と二人で興した建設業「佐川組」を成長させ、運送会社「佐川急便」として確立させた。これがのちに日本屈指の宅配便会社として名を知られることになる。多くの芸能人、スポーツ選手のタニマチとして知られた。

1980年代後半、バブル期の最中に東京佐川急便の社長・渡辺広康は、稲川会の石井隆匡会長らに総額1000億円もの融資や債務保証を行った。バブル崩壊とともにそれは巨額の負債となり、石井側から佐川側への返済が不可能となる。当然、渡辺らは緊急に打開策を練るが、到底糊塗できる金額ではなく、東京佐川は倒産寸前となって親会社の佐川急便に吸収された。自民党のキングメーカーだった金丸信にも5億円もの金銭が流れていたことが発覚し、金丸の政治生命が絶たれる大きな要因となった。

この事件は、当然ながら佐川の人生を大きく変える。金丸に対する検察の対応の甘さに国民が激怒したこともあり、その逆風は佐川をも直撃したのだ。芸能人やスポーツ選手から格別な存在として認められていた佐川の立場は大きく変わってしまう。

事件以前、彼の稀に見るタニマチ気質に群がるように、京都の自宅には数多くの著名人の来訪者が途切れることはなかった。それらに、佐川は懇切丁寧に対応し、彼らの話を聞いてやっていたという。

だが、人間の本質とは薄情なもので、事件以降、あれだけ佐川に群がっていた連中が距離を取り始めたのである。経営者である佐川なら金の大切さは百も承知だろうが、極端な手のひら返しをどう見たのだろうか。あるいは、こんなものだ……と達観した心境であったのか。

その後、2002年にこの世を去るまで、佐川が表に出る機会はほとんどなかった。宅配事業の黎明期において、多大な貢献を果たし、業界発展のために尽力した佐川だったが、皮肉にも金によって、薄幸な晩年を送ることとなった。

政界と財界をつないだ「画商」

フジ・インターナショナル・アート代表

福本邦雄

ふくもと・くにお　1927―2010

神奈川県生まれ。産経新聞社を経て、岸内閣の官房長官・椎名悦三郎の秘書に。1965年、画廊「フジ・アート」を設立、絵画ビジネスを通じて情報と政治資金の橋渡し役をするフィクサーに。「三宝会」を主催し政財界の要人と顔をつないだ。

バブル時代、絵画を利用した資金洗浄業者として政財界で暗躍した福本邦雄。政権の深部に食い込んで自民党を操り「政界最後のフィクサー」と呼ばれた。福本の暗躍は、バブル期以前より行われていた。官房長官・椎名悦三郎の秘書時代の1960年、安保闘争における樺美智子（かんば）さんの死亡事件で、岸信介首相に政府声明を出すことを提案し、渡邉恒雄にそれを書かせたと言われているのが福本だ。そして1965年、福本は画廊「フジ・インターナショナル・アート」を開く。職業は「画商」だったが、政界のフィクサーとしての本領を発揮していく。

竹下登、渡辺美智雄、安倍晋太郎、中曽根康弘、宮澤喜一、中川一郎。福本は当時「ニューリーダー」と呼ばれた若手政治家たちとの人脈を深め、彼らの政治団体「すべて」の代表を務めるにまで至ることで、自民党の「陰の総裁・実力者」として名を轟かせたのだ。そこには「定価」のない美術品である絵画を利用したマネーロンダリング術があった。

政治資金洗浄のからくりはこうだ。献金企業が画商から絵を数点購入する。画商は領収証を発行して企業に納入するが、企業は数点を政治家に売る。この間に絵は値上がりする。そして政治家は必要に応じて同じ画商に高く絵を売って政治資金を捻出する――。

このからくりによって、バブル期に福本は途方もないカネを「名画」として政治家や官僚にバラまき、自民党の「陰の総裁」として清和会中心の支配体制をつくっていった。だが竹下政権の成立にからんで40億円とも言われるカネが動き、竹下の秘書が自殺するという「金屏風事件」が起きた。２０００年の中尾元建設大臣収賄事件ではついに共犯者として逮捕されることになる。

巨万の富を築いた「サラ金の帝王」

武富士会長

武井保雄

たけい・やすお　1930―2006

埼玉県生まれ。陸軍の整備員、国鉄職員、建設業、野菜の行商など職業を転々とした後、1966年に武富士の前身となる富士商事を設立。高金利時代に大きく業績を伸ばし、「サラ金バッシング」を乗り越え日本一の消費者金融に育て上げた。

高校卒業後、埼玉で地元の不良グループに身を投じていた武井が、よそから来たヤクザとケンカになり、ピストルで撃たれたというエピソードは有名だ。そんな男が、いかにして消費者金融業界のトップにまで上り詰めたのか。

武井が最初に手掛けたのは「団地金融」だった。「現金の出前いたします」と書いたチラシを団地の戸口へ投げ込み、午前中に主婦からの電話注文を受け付け、午後に貸金の配達・集金に回る商売である。団地は入居の資格基準が決まっていたために、安定した職業と収入があることは調べなくても分かる。さらに、当時の団地の主婦は正直そのもので、正式な契約書など交わさずとも、貸し倒れは皆無に近かった。

そもそも、武井がこの商売に飛び込んだ1966年は高度経済成長の真っ只中であり、国民所得は猛烈な勢いで伸びていた。つまり、武井ら貸金業者は人々に所得を先取りさせ、前倒しして使わせることで、個人消費の拡大に貢献し、好景気を加速させる役割を担っていたと言うこともできるのだ。そして、1996年には念願の株式上場を果たす。不良債権処理に苦しむ銀行を尻目に、武井率いる武富士は日本有数の高格付企業になった。

ところが、そこまで行っても武井はヤンチャなままだった。それを世間に知らしめたのが、フリーライター宅盗聴事件である。武井は同社に批判的なフリーライターの盗聴や尾行を部下に行わせ、懲役3年・執行猶予4年の有罪判決を受けることになる。

人もうらやむ成功を手にしながら、生来の強引さがたたって表舞台から消えた武井は、執行猶予期間が明けるのを待たず、2006年に没した。

伝説の経営コンサルタント

船井総合研究所創業者

船井幸雄

ふない・ゆきお　1933—2014

大阪府生まれ。1970年に日本マーケティングセンターを設立、経営コンサルタントに乗り出す。当時の常識を覆す「地域一番店戦略」で急速にクライアントを増やす。人生論も展開、人間の行動心理を論じた「百匹目の猿現象」は話題に。

関西財界でもっとも有力な経営コンサルタントのひとつ「船井総合研究所」は、京都大学農学部出身の船井幸雄が1970年に設立した「日本マーケティングセンター」を前身とする。

当時、総会屋と同一視されるコンサルタント業界のなかにあって、船井は経営者のあり方と具体的なビジネス戦略を同時に提供する方法で関西財界の経営者の心をつかみ、日本を代表するコンサルタントとしてメディアに取り上げられるようになっていく。

新進気鋭の船井の名を有名にしたのが「地域一番店戦略」である。これは1970年代に主流だった、同じく経営コンサルタントの渥美俊一が唱えた「チェーンストア理論」の対極をなす、「質を守ったほうが結局は成功する」という小売戦略である。船井が担当した会社は、3500社を超すと言われている。地域密着型の中小企業のみならず、大手百貨店も船井の「地域理論」を元に業績を伸ばしていったことから、小売業の名コンサルタントとしての名声を高めていく。

また、ベストセラーにもなった『百匹目の猿』現象の提唱も忘れてはならない。『百匹目の猿』とは「最初の1匹が始めた賢い行動が集団の中に広がって、新しい知恵や行動形態として定着したとき、その行動は時間や空間を超えて広がる」という理論であり、農学部出身者らしい船井の着眼だと言えるだろう。これは経済界のみならず日本中に大きなブームを呼び、船井の名声を決定的なものにした。

反面、その晩年は大麻解放を訴えたり、「偉大なる創造主（サムシング・グレート）は存在している」と繰り返し語るなど、スピリチュアルに傾倒した。

「信者」を生んだ経営のカリスマ

京セラ創業者

稲盛和夫

いなもり・かずお　1932―2022

鹿児島県生まれ。鹿児島大学工学部卒業後、1959年に京セラを設立。社員8人の会社を10年後には株式上場、ファインセラミクスの世界的企業に成長させる。1984年、第二電電（現・KDDI）を設立。稲盛財団を設立、経営者のカリスマに。

「京セラ」「ＫＤＤＩ」の創業者である稲盛和夫は、現代を代表するカリスマ経営者として知られている。２０１０年、78歳にして日本航空の再建を引き受け、会社更生法の適用からわずか2年で営業利益２０００億円というV字回復を成し遂げた稀代の名経営者は、全国の経営者やビジネスパーソンの間に「信者」を生み出し続けている。

とはいえ、稲盛の思想は難解なものではない。稲盛の原点とも言える「経営12カ条」は「事業の目的・意義を明確にする」「具体的な目標を立てる」といった心得に始まり、「経営は強い意志で決まる」「燃える闘魂」といった「稲盛イズム」と言われる精神論へと続いていく。

その思想をさらにたどれば、京セラ飛躍の原動力となった「アメーバ経営」も稲盛理論の中核である。それは「会社の組織を『アメーバ』と呼ばれる小集団に分け、社内からリーダーを選び、その経営を任せることで、経営者意識を持つリーダー、共同経営者を育成していくというもの」であり、これにより稲盛は、社員8名のベンチャー企業にすぎなかった京セラを日本を代表する上場企業に押し上げた。

稲盛の人生観、経営観が思想家の中村天風に深く影響されていることはよく知られている。少年時代に結核を患った際、天風をはじめとする宗教・哲学書を読み漁った経験がのちの経営哲学に大きな影響を与えたのだ。

つまり昭和の名経営者がこぞって私淑したことで知られる中村天風イズムを、現代風に構成し直し、「燃える闘魂」を加えたものが稲盛イズム、と考えれば分かりやすいかもしれない。

〝消された〟起業の天才

リクルート創業者
江副浩正
えぞえ・ひろまさ　1936―2013

愛媛県生まれ。東京大学在学中にリクルートを創業。リクルート会長となった1988年6月に「リクルート事件」報道が始まり、1989年2月に逮捕。リクルート裁判は14年間、開廷数322回に及び、2003年に有罪判決を受けた。

1988年に発覚し、自民党が下野するきっかけをつくったリクルート事件を「戦後最大の疑獄事件」と呼ぶことに異論はないだろう。竹下登首相、宮澤喜一蔵相、小渕恵三官房長官、小沢一郎官房副長官……。値上がり確実なリクルートコスモス株を江副から受け取った政治家の名前を列挙するだけで、事件のスケールの大きさが分かる。

この事件に連座して、野望を絶たれた政治家も多い。安倍晋三元首相の父、晋太郎もその一人に数えられる。のちの総理を確実視されながら、事件に足元を取られているうちに、すい臓がんで死亡してしまったのだ。

江副は政治家たちに株を配りながら、いったいどのような将来を思い描いていたのだろうか。

江副は東大在学中に学生新聞で広告取りを始め、1960年の卒業と同時に「大学新聞広告社」（のちの「リクルート」）を設立し、大学新卒者向けの就職情報誌を発行。社長・会長として25年間にわたり経営を指揮し、同社を巨大企業グループに育て上げた。

一方、事件をはさんで晩年は、財団をつくり世界の若手芸術家らの支援に尽力。その活動に、復権を狙う野心的な空気はうかがえなかった。

江副のそんな生き方を振り返ってみると、どうにもリクルート事件だけが浮いた印象を受ける。既存の枠から離れたところで商売をつくってきた江副に、90人以上もの政治家に「賄賂」を渡さなければならない理由があったはずはないのだ。株を渡す有力者たちの名前を江副に吹き込んだのは年長の財界人たちだったとされるが、彼らとて、確たる利益を狙ってやっていたわけではなかった。

冬季五輪の「最高権力者」

西武鉄道グループ元オーナー

堤 義明

つつみ・よしあき 1934―

東京都生まれ。堤康次郎と内縁の妻の間に生まれ、スパルタ式の帝王学教育を受けた。康次郎の死後、西武企業グループを引き継いだ。有価証券報告書への虚偽記載により引責辞任後、有罪判決を受ける。初代JOC会長を務める。

〝ピストル堤〟こと父・康次郎から徹底的な帝王学を学んで育った堤義明は、父の後を継ぐや、典型的なトップダウン方式の手法でバブル期を中心に西武グループを日本屈指の企業集団へと押し上げた。義明のスポーツへの肩入れは顕著で、大洋ホエールズ（現・横浜DeNAベイスターズ）の株式保有、横浜スタジアムの建設はのちに西武ライオンズの経営へと発展する。しかし、義明のギラつく野望が垣間見えるのは、特に力を入れた冬季スポーツを通してである。

アイスホッケー、スキー、アイススケート……これらスポーツへの義明の貢献が大きいことは間違いないが、その貢献は自らのグループ企業の発展とも表裏一体であった。

軽井沢のスケートリンクを手始めに、各地にスキー場を持つ西武グループにしてみれば、ウインタースポーツが国民に普及し人気を得ることは、そのまま莫大な利益につながることにもなる。その集大成が１９９８年２月の長野オリンピックであったことは言うまでもない。一部マスコミからは、「西武のためのオリンピック」などとも揶揄されたが、義明が企業人としての絶頂期を迎えたのはこの頃であった。

だが、驕（おご）る平家は久しからずの言葉が示すように、６年後の２００４年に起きた総会屋への利益供与事件を皮切りに、義明の人生は暗転していく。２００５年３月、インサイダー取引によって東京地検特捜部に逮捕され、西武グループの表舞台から姿を消した。

その義明が２０１３年、ＪＯＣ（日本オリンピック委員会）の最高顧問として再び表舞台に立った理由は、もちろん東京五輪開催決定が要因だった。

京都地下経済のフィクサー

キョート・ファンド会長

山段芳春

さんだん・よしはる　1930―1999

京都府生まれ。自治体から警察、検察、ヤクザまで京都のあらゆるところに人脈を張り巡らし、裏から地元の政治経済を操った。イトマン事件に関わり、闇社会とのつながりが明らかになると京都信用金庫などが離反、晩年は影響力が衰えた。

「京都のフィクサー」「地下経済の大物」――。

京都でそう呼ばれ続けた山段芳春は、地元・京都の金融業界に強い影響力を持ち、自ら主宰する「京都自治経済協議会」に警察や検察OB、行政の役職経験者らを集め、「情報に強い」ことで知られていた。その類い稀なるパワーの源泉は、まさに「人脈と情報」にあったと言える。

山段は福知山で生まれ、戦後間もない京都で警察官になったと言われる。また、資料によっては「戦後、京都府の渉外課員として米軍の訓練を受け、占領軍（G

HQ）の諜報部隊で治安などの調査を担当した」と書いているものもある。経歴に謎が多く、確たるところを知る人間がほとんどいないのだ。

山段は長年、京都信用金庫の労組にあたる「職員会議」の常任顧問を務め、経営陣に強い影響力を及ぼした。金融機関を握れば、取引先の企業にも影響力を行使できる。山段は府警や市のOBらを自分の関係する会社に就職させ、捜査や行政の現場に介入できる「システム」を築き上げた。また、京都信用金庫の「裏部隊」たるキョート・ファイナンスをつくらせて自分が会長に収まり、アングラ人脈とも広く接点を持った。会津小鉄会元会長の高山登久太郎とは特に親しかったとされる。

だが、イトマン事件で許永中らに資金を提供したとして大阪地検特捜部の強制捜査を受け、影響力の低下が始まる。１９９９年には、かつて「わしが署長全部の（再就職先の）面倒を見てやったんや」と言うほどの蜜月を誇った京都府警が、山段の逮捕状を取る。容疑は捜査情報に関する贈賄であった。そしてその翌日、山段は入院先の病院で息を引き取った。

権力者を操った「食肉の帝王」

ハンナングループ創業者

浅田満

あさだ・みつる　1938—

大阪府生まれ。食肉産業のほか、ハンナンのグループ企業を設立し、山口組系元幹部の弟たちを社長に据えた。1987年、外国産牛肉の放出枠の割り当てをめぐり贈賄容疑で逮捕。2004年、牛肉偽装事件にかかる詐欺罪で再逮捕。

最高裁は2015年4月8日、詐欺罪などに問われた浅田満の上告を棄却し、懲役6年8月の実刑判決が確定した。

事件は、浅田が2001年と2002年、国のBSE（牛海綿状脳症）対策事業で対象外の肉を混入し、全国食肉事業協同組合連合会（全肉連）による買い上げや国の補助金を申請。計約15億4000万円を詐取、不正受給したというものだ。

浅田は、大阪の食肉卸を営む家に生まれた。中学時代に大阪の食肉店に奉公に出るなど、少年時代から「肉の世界」を見続けてきた叩き上げである。だからこそ浅田は、食肉行政の〝抜け穴〟を知り尽くしていた。

1967年12月、浅田は実父の経営していた浅田商店を阪南畜産浅田商店（現・ハンナン）に商号変更し、30歳のときに大阪同和食肉事業共同組合連合会（全同連）の専務理事に就任する。

やがてハンナンの北海道進出を機に自民党・中川一郎などの政治家や官僚と関係を持つようになり、輸入牛肉の割り当てをめぐる利権を握るようになった。

それからは、濡れ手で粟の荒稼ぎである。年商3000億円を誇る「ハンナン・マネー」は鈴木宗男、中川一郎、太田房江、松岡利勝、松山千春、八角親方（元横綱・北勝海）ら各方面の人脈を引きつけた。五代目山口組の渡辺芳則組長のことは「ナベちゃん」と呼ぶほど親しかったという。「食肉業界のドン」とも呼ばれたが、食肉だけでなく、暴力団などの威光を利用しながら金融や建設事業にも手を広げ、中部国際空港の建設利権にも食い込んだとされる。

逮捕時に提示された保釈金20億円は、日本史上ダントツのトップである。

「二十一光り」による怪物商法

新日本観光会長

糸山英太郎

いとやま・えいたろう　1942―

東京都生まれ。父の佐々木真太郎は新日本観光の創立者。父の友人である笹川良一の姪と結婚して政界、投資の世界に進出。188日間にわたった中山製鋼所株の仕手戦において、勝利を収めて一躍世間に名を知られるようになった。

もともとは、病弱ないじめられっ子だった。4歳のときには重病で死線をさまよい、小学校は母親の判断で私立の女子校に入れられた。いじめと病欠の日々を過ごしながら転校を繰り返したが、1年留年して転入した先の学校で年下の子らより体が大きかったことが幸いし、いきなり番長になる。

それからは一転、不良となり事件を起こしては警察の厄介になるが、なにしろ父は長者番付日本一になったこともある富豪、新日本観光興業の創立者である。糸山は社会から転落する心配もなく商売人に変身し、富と権力の拡大にまい進した。

糸山は自分自身を「親の七光り」どころか、「二十一光り」と言ってはばからない。実の父・佐々木真太郎、岳父の笹川了平、そしてその兄である笹川良一の3人に七光りを掛けて「二十一光り」というわけだ。

それもたしかにその通りで、糸山が自らの財をなした株の仕手戦においては、笹川の支援なくしては戦い抜けなかった。笹川家には迷惑もかけている。1974年、参院選に初当選したおり、糸山陣営に大規模な選挙違反が発覚、岳父・了平は初犯にもかかわらず実刑判決を受けた。この強引な捜査の裏には競艇利権をめぐる一部の政治権力と叔父・笹川良一の対立があったとも言われる。

糸山自身に商才があるのは事実だった。大学を出て中古外車のセールスマンとなってからは、1年間で77台の車を売り業界の新記録を打ち立てた。

また中曽根康弘の秘書を経て、石原慎太郎の後押しにより参院選に初出馬といった具合に、糸山は人脈も派手である。もっとも、政治家としてはまったく大きくなれないまま、3度目の代議士時代には任期中に議員職を放り出した。

「革命」を続ける永遠の風雲児

ソフトバンクグループ会長兼社長

孫正義

そん・まさよし　1957—

佐賀県生まれ。米国留学後、1980年に起業。1994年にソフトバンクの株式を店頭公開した。1996年には米ヤフーとソフトバンクの合弁でヤフー株式会社を設立。自然エネルギー財団を擁するソフトバンクグループの総帥である。

80年代から日本財界の風雲児であり続けている孫は、東日本大震災をきっかけに、その存在感をいっそう大きくした。自然エネルギー普及の旗振り役となったからでもあるが、驚かされたのは100億円の義援金寄付である。その額が図抜けているからすごい、というだけではない。戦略を感じさせたのは発表のタイミングだ。

いまの日本に、100億円もの私財を義援金に充てることのできる富豪は何人もいない。まず名前が挙がるのは、楽天の三木谷浩史、ユニクロの柳井正あたりだろうが、この二人は孫が100億円寄付の意向を明らかにしたとき、すでに「10億円寄付」を発表した後だった。

仮に、この二人が孫の行動に刺激を受けたとしても、ことの性質上、露骨に〝対抗〟して額を引き上げるのは難しい。つまり孫の100億円寄付発表は、誰も追随できないタイミングを狙いすましたものに見えるのだ。

佐野眞一による孫の評伝『あんぽん　孫正義伝』（小学館）によれば、在日韓国人3世の孫は豚小屋並みに粗末な九州の朝鮮人部落で幼少期を送っている。非常に貧しい生活も経験した。渡米などをきっかけにして起業し、猛烈な上昇気流に乗って突き抜けてきた孫は、時代がどうなろうともおそらく成長をあきらめることを知らないだろう。

ベンチャーの雄として既存の秩序に対する挑戦を続けてきた孫正義だが、現在はすでに〝追われる側〟に立っている。

伝統的な日本企業が参入しているプロ野球界において、もはや「盟主」の座を手中にしているのがソフトバンクであるのは、その象徴だろう。

コラム　権力を揺るがし続けた「左翼」の黒幕たち

「右翼」や「保守」の世界に政権を動かす黒幕はいても、反体制活動家が総理大臣を支配することはあり得ない。

しかし「左翼」という思想や活動のなかでのカリスマ、指導者はもちろんいる。また彼らはその性質上、目立つことを好まないことが多い。

かつて「日本赤軍」の最高幹部として君臨した**重信房子**（１９４５―）が逮捕されてからはや23年が経過した。２０２２年5月28日に東日本成人矯正医療センターを懲役20年の刑を終えて出所。出所時の報道陣への取材には、50年前の〝闘い〟に関し、「人質を取るなど、見ず知らずの無辜（むこ）の人たちに被害を与えたことがあった」と述べ、赤軍派の武力闘争路線が間違っていたことを自省する手記を公表した。

東京都に生まれた重信房子は、明治大学入学後、学生運動と出会う。

革命を胸に1971年、日本を出国。パレスチナに渡り日本赤軍を結成。70年代に数々のテロ事件を計画し、実行した。

しかし当時の日本人にとって重信は、何よりも「美人」として語られることが多かった。かつて街なかに貼られた日本赤軍の指名手配ポスターのなかで、凶悪な顔立ちの男たちに混じり、どこか優しさをたたえた重信の笑顔はすごみがあった。誰もが言った。

「こんな女がテロを起こすのか」

だからこそ2000年、日本に潜伏していた重信の逮捕に衝撃を受けた人は多かった。「時代」の残酷性だけはいつも変わらない。

2010年に懲役20年の実刑判決が確定し、出所は2027年ころになる予定。現在は東日本成人矯正医療センターで闘病中と伝えられる彼女が「シャバ」に復帰できるかは保証の限りではないという状況だ。

■「革マル派」最大の首領「クロカン」伝説

「クロカン」こと**黒田寛一**（１９２７―２００６）は、「革マル派」（日本革命的共産主義者同盟革命的マルクス主義派）の最高指導者として知られた人物である。学生時代に眼病を患い、進学を断念。その鬱積をもっぱらマルクス主義の研究にふりむけた。

１９５７年、「革命的共産主義者同盟」（革共同）の議長に就任。「クロカン教祖」は一部から熱狂的支持を集めたが、１９６２年に出馬した参院選では落選。得票数は2万票程度であった。１９６３年2月、黒田らのグループは革共同全国委員会から抜け、革マル派を旗上げする。

何度か内ゲバと分裂を繰り返したものの、黒田はその後も最高指導者であり続けた。人前にその姿を現すことはなく、ただその名と思想だけが30年間以上の長きにわたり、一人歩きを続けた。

１９８０年代から90年代にかけての黒田の私生活はまったく伝えられていない。

ただ、1年に1冊ほどのペースで黒田の本が「こぶし書房」から出版されるたびに、公安調査庁の職員が同書を購入し、その動静をチェックするのみであった。

１９９６年に議長を辞任。それから10年後の２００６年6月26日、黒田は肝不全のため死去した。78歳だった。

黒幕とは、表に出ることを好まない性質を持つ。黒田が数十年に及ぶ潜伏生活を続け切ったことは、まさに彼の強靭な思想とカリスマ性の本質であったと言えよう。

松崎明（１９３６―２０１０）は黒田から信頼を受けた革マル派幹部で、ＪＲ総連のドンに君臨したとされる人物である。

１９５５年に国鉄入社。同時に共産党に入党した。黒田寛一に導かれ、１９６0年代から動労（国鉄動力車労働組合）幹部として活動。１９８７年にＪＲ東労組委員長に就任。以来、独裁体制を固めた。

カリスマとなった松崎を批判する週刊誌記事が掲載されると、松崎はすぐに法的措置で対抗した。

２００７年11月には、警視庁公安部に逮捕される。容疑はＪＲ総連の基金３０００万円を横領したというものだったが、同年12月、不起訴処分に終わっている。松崎はその後、不当捜査によって精神的苦痛を受けたとして東京都や国を相手取り訴訟を起こしたが、２０１０年に死去した。74歳だった。

■伝説のスキャンダル雑誌『噂の眞相』編集長

岡留安則（１９４７―２０１９）は月刊誌『噂の眞相』の元編集長である。２００４年の同誌休刊後は沖縄へ移住し、各種媒体でオピニオンを発信したが、２０１９年に死去した。71歳だった。

法政大学入学後、学生運動に参加。その後いったん運動から足を洗うも、卒業後はゲバ棒をペンに持ち換え１９７９年に『噂の眞相』を創刊した。

『噂の眞相』は政財界から芸能界、文壇に至るまで、スキャンダリズムを軸に人気を博した月刊誌であった。大手メディアが躊躇するネタを積極的に拾い上げていく「実績」で、90年代以降、多数のスキャンダルが持ち込まれるようになる。

森喜朗元総理の買春疑惑や則定衛（のりさだまもる）・元東京高検検事長の女性問題など、権力者を撃つ痛快なスクープがしばしば掲載された。

同誌全盛期には自身が取り上げられることを恐れた議員らも多く、権力者に畏怖を感じさせる雑誌として知られた。

岡留自身は黒幕どころか、どちらかと言えば「出しゃばり」な性格ではないかと思えるほどメディアへの露出があったため（もちろん雑誌オーナーとして宣伝のために取材を受けたわけだが）、いわゆる黒幕的雰囲気を持ち合わせてはいなかったが、小さな雑誌がジャーナリズムとメディア、権力者たちに大きな影響力を持ったという事実は注目に値する。

岡留とは同世代の作家・**宮崎学**（１９４５―２０２２）は、裏社会に顔の利く現役大物作家として知られた。

京都のヤクザ一家に生まれ、共産党に入党。早大中退後は週刊誌記者や家業の解体業、地上げなどさまざまな仕事を転々とする。

１９８４年に起きたグリコ・森永事件では重要参考人としてマークされ、事実、モンタージュのイラスト（「キツネ目の男」）とあまりに人相が似ていたことや、そのミステリアスな半生から事件の「真犯人」であると断定的に語られたこともあった。しかし、この事件ではアリバイが成立していたことで、無関係だったことが証明されている。

独自の人生観と哲学から、ヤクザとの交流を隠しておらず、企業スキャンダルや警察の不祥事情報など政財官の「裏情報」通としても知られた。オモテとウラの双方に通じている貴重な存在としてさまざまな取材を受けるほか、晩年には五代目山口組の若頭補佐だった中野太郎・中野会元会長の回顧録を手掛け、話題を集めた。

5章　カリスマ

歴代総理を「指南」した陽明学者

陽明学者・全国師友協会会長

安岡正篤

やすおか・まさひろ　1898—1983

大阪府生まれ。1926年に金鶏学院を開塾して軍部、華族、革新官僚らの多くに心酔者を得る。1949年、師友会を結成し政財界人の指導に乗り出す。陽明学者としても知られ、漢籍に関しての豊富な知識を駆使して多くの首相を指南した。

東京帝国大学法学部に学んだエリートであり、戦前は私塾「金鶏学院」を主宰する若き右翼理論家。戦前、右翼の教組として知られた北一輝や大川周明でさえ、「彼こそ王者の師だ」と、安岡には一目も二目も置き、終戦時の玉音放送の草案原稿を完成させたのも安岡とされる。

戦後は「師友会」（のちの全国師友会協会）を設立し、東洋宰相学、帝王学に立脚して多くの政治家や財界人の指導に当たった。安岡に私淑し、師としてその「帝王学」を学んだと言われる政治家には吉田茂、池田勇人、佐藤栄作、福田赳夫、大平正芳など多くの歴代首相が挙げられ、戦後政治の奥深くに安岡の影がつきまとっていくことになる。総理の言葉として発せられる施政方針演説は、たいてい安岡の推敲がかかっていたという逸話も残されており、「平成」の元号も安岡の命名・考案によるものとされる。

だが安岡には、一般にイメージされる「黒幕」「フィクサー」とは異なる宗教的教組のような一面もあった。戦前なら陸軍と海軍、戦後なら福田赳夫と田中角栄という、相対立する権力の双方を丸め込んでしまう霊力のようなカリスマ性だ。

「なるべく人の世話役を心がけよ。そして、報を望むな。求むるな」

周囲にそう言い聞かせていたという安岡は、だがその信条ゆえに権力者の立場になくとも日本の政治を動かし、歴代総理を手なずけていたことを否定する者はいない。安岡の死後、彼のつくった「全国師友協会」は解散したが、その理由は安岡が残したこうした遺言からだった。

「原木は永久に残すことはできない。原木の形態を無理して残すようなことはするな」

政財界に浸透した「天風教」

天風会創始者

中村天風

なかむら・てんぷう　1876―1968

東京生まれ。16歳で玄洋社に入社、頭山満の知遇を得る。陸軍の軍事探偵（諜報部員）として満州へ。33歳でアメリカに密航しインドでヨガの修行に励む。帰国後、設立した「統一哲医学会」は「天風会」に発展し、広く支持者を得る。

中村天風は直接に接したことのない者にとって、謎多き人物である。日本初のヨガ行者にして思想家、実業家。政治家では原敬（たかし）や尾崎行雄、軍人では東郷平八郎や山本五十六、経営者では松下幸之助や稲盛和夫など、名だたる大物が天風門下生として知られているように、戦前・戦後にかけて日本の指導者層に横断的な影響力を持っていた人物である。

天風は16歳のときに頭山満が創設した「玄洋社」で頭角を現し、陸軍の諜報部員となって満州に赴く。幼少時から家伝である随変流抜刀術の使い手だった天風は、現地で青竜刀を持った馬賊と斬り合いを演じ、「人斬り天風」と恐れられたという。諜報部員の生存率10％以下の満州を生き延びて帰国した天風だったが、30歳で奔馬性結核を発病。欧米をまわり病気を治す方法を探すうちにヨガの大哲学者カリアッパに邂逅、3年間インドに滞在しヨガの悟りを開いたとされる。そして帰国後、「統一哲医学会」を創設し、街頭にて心身統一法を説き始めるところから天風の第2の人生が始まる。

「どんな名医や名薬といえども、楽しい、面白い、うれしいというものに勝る効果はない」

こういう思いが心のなかに生じたとき、健康や運命に絶大な効果を与えると、一流人士の前で滔々と述べる天風に、人々は魅せられていった。なぜなら、彼の言葉は、どんな宗教者よりも苛酷な修行を現実の修羅場でこなしてきた深い経験に裏打ちされていたからだ。

「人生の幸福というものを安易な世界に求めてはいけない。言い換えれば無事平穏を幸福の目標としないということである」

『月光仮面』の生みの親

作詞家・脚本家・政治評論家

川内康範

かわうち・こうはん　1920―2008

北海道生まれ。「愛は情死である」をテーマに、詩・小説・脚本・マンガ原作・作詞の各分野で数百本に及ぶ作品を執筆。政治評論も積極的に行い、民族派の論客として「歴代宰相の懐刀」と呼ばれた。2007年、森進一と対立し騒動に。

戦後日本歌謡界きっての作詞家として知られる川内康範。2007年、歌手・森進一との「おふくろさん騒動」により、往年を知らない若い世代にも川内の名が浸透したと言っていいだろう。

その際にクローズアップされたのは、ほかに類を見ない、川内の多彩なプロフィールだった。

川内は「おふくろさん」のほかにも「骨まで愛して」「伊勢佐木町ブルース」など幾多の名曲を作っているのみならず、脚本家としても大家と呼べる存在であり、『月光仮面』や『レインボーマン』は当時の子どもたちの心をつかみ大ヒット。日本の特撮の先駆け的存在であり、「元祖オタクの父」とも称される。

とても大正生まれとは思えないマルチな才能を有していたが、川内は同時に「歴代宰相の懐刀」と称される政財界のアドバイザーとしての顔も持っていた。政治との関わりのきっかけとなったのは、川内が戦後先がけて行っていた海外抑留日本人の帰国運動や戦没者遺骨引き揚げ運動。自民党の有力政治家たちとも親交を深め、歴代首相からの厚い信頼は佐藤栄作に始まって田中角栄、竹下登、宮澤喜一と昭和と平成の世をまたがって続いた。

時に自民党全体を動かすまでの影響力を持ったことから、左翼メディアからは「右翼の大物」と目された川内だが、その生涯を追えば、彼が単純な右翼とは一線を画すことは明らかだろう。「裏と表があってこその世の中だ。どっちもお国のためには大事なんだ」と常々口にしていた川内は、生前の三島由紀夫とも親交があった。戦中派としての揺るぎないその信念は、「義」をモットーとする『月光仮面』などの作品にも、通奏低音のように流れている。

人心を掌握する「炎の行者」

最福寺法主

池口恵観

いけぐち・えかん　1936―

鹿児島県生まれ。真言宗の秘術「百万枚護摩行」を達成した高野山の伝燈大阿闍梨で大僧正。臓器移植と宗教観の研究なども評価され、山口大学から医学博士の認定を受ける。1967年に最福寺を建立、各界に多くの心酔者がいる。

2013年、競売にかけられた朝鮮総連中央本部を45億円で落札したことで注目を集めた池口恵観。

だが池口は過去、反政府行動によって逮捕された経歴を持っていることはあまり知られていない。彼が関わった「三無(さんゆう)事件」とは1961年に摘発された陸上自衛隊少壮将校らによるクーデター未遂事件。池口は当時の衆議院議員・馬場元治の秘書となり、国会議事堂内へ襲撃するタイミングを図る役割を担っていたとされる。ただ未遂事件であり関与も少なかったとされ、不起訴、釈放処分だった。

その後、宗教法人の設立などを経て、池口は高野山に渡り修行道に入る。「密教史上、誰もなし得なかった」とされる秘法「百万枚護摩行」を成し遂げ、「炎の行者」として真言宗18派閥のうちもっとも規模が大きい高野山真言宗大僧正の位を得る。そしてここから池口のメディアへの露出が始まる。

池口の本懐は、その戦国時代の軍師僧のようなルックスも含め、清濁合わせて丸ごと呑み込む胃袋の強さだろう。

「仏教上の立場から人を差別しない」という信条から犯罪者も受け入れ、芸能界からスポーツ界、女流作家まで、その信奉者は後を絶たない。住吉会系の右翼団体「日本青年社」とも太いパイプを持つと同時に、北朝鮮とのパイプも太く、よど号ハイジャック事件メンバーたちとも面会するなどの経歴を持つ。

政治との関わりは小渕恵三首相が官邸の風水を心配して相談したことが始まりと言われている。その後も森喜朗、小泉純一郎と歴代総理と親交を持ち続け、特に安倍晋三は池口の弟子を自認するほど私淑し、第1次政権時の辞職や復帰に際しても池口のアドバイスを仰いでいたという。

「新宗教」最大のカリスマ

幸福の科学総裁

大川隆法

おおかわ・りゅうほう　1956―2023

徳島県生まれ。商社トーメンに入社、ニューヨーク勤務中に外国為替理論などを学ぶ。1986年に「幸福の科学」を開宗。戦後2度目と言われる新宗教ブームの立役者に。2009年に「幸福実現党」を発足させ、政界進出を図る。

自伝が版を重ねるたびに経歴が変わる大川だが、徳島県の進学校から東大に入学し、卒業後は商社に入社。MBA取得のために渡米した24歳の頃、霊界との交流を始め、「釈迦の生まれ変わり」と自覚するようになったという。そして帰国後、「幸福の科学」を立宗する。

大川の教えは1980年代の若者の心を次々と捉えていった。エリート出身を披瀝する大川だが、実際には幾度も挫折を経験した「田舎の優等生」であったことは度々指摘されている。一浪しての東大入学、司法試験にも挑戦するが不合格となって大学院進学をあきらめ、一流とは呼べない商社・トーメンに入社。80年代のエリート社会にあって、自分より優れた人間はゴマンといるという経験をした劣等生だからこそ、大川は若者が抱える悩みを代弁してくれる存在になり得た。

教団の名前が一般層にも広く知られるようになったのは、1991年に起きた雑誌『フライデー』への抗議行動である。そのエキセントリックとも思える信者たちの抗議方法もさることながら、直木賞作家の景山民夫、女優の小川知子らが拳を振り上げて抗議する映像がテレビで流され、世間にショックを与えた。

一時はオウム真理教の麻原彰晃と何かと比較されることが多かったが、オウム事件の際には「オウムをいち早くテロ集団と見抜いて批判を重ねてきた」と自称している。必ずしもそれは嘘ではない。それもそのはず、元オウム信者の井上嘉浩死刑囚は、1995年の横浜アリーナでの大川総裁の講演会を狙って「生物兵器を撒くように指示された」と証言している。

2009年には「幸福実現党」を設立して、選挙のたびに信者を全国各地から出馬させた。

児玉誉士夫の「懐刀」

東京スポーツ会長

太刀川恒夫

たちかわ・つねお　1937—

若い頃から河野一郎や中曽根康弘ら大物議員と関係を持つ。児玉誉士夫の側近として徐々に頭角を現した。ロッキード事件で逮捕・有罪判決を受けるも東京スポーツ社長に就任、政財界に睨みがきくマスコミ人として知られる。

ミニコミならまだしも、マスコミ界においてこれだけ表に出ない人物も珍しい。『東京スポーツ』会長の太刀川恒夫だ。

あるいは、師匠ゆずりなのかもしれない。若年時、太刀川は児玉誉士夫の書生として側に仕えた。時を前後して、愚連隊あがりのハマコーこと浜田幸一も、児玉の書生を務めていたという。もともとは中曽根康弘の秘書であった太刀川が、縁あって児玉の下にいたことは、浜田のように後に続く彼の人脈をより色濃くしていく効果もあった。

その後、児玉の側近が辞めたこともあり、必然的に太刀川は児玉の有力な側近となる。また、実務能力に長け、人間的に誠実な太刀川を児玉も重用するようになっていった。そんな彼の人生を大きく左右する出来事が起こる。1976年、アメリカの上院外交委員会の公聴会で暴露された米航空大手ロッキード社の日本側関係者に対する巨額の贈賄疑惑だ。そのなかで、児玉はロッキード社と日本側を仲介する代理人として浮かび上がったのである。

元総理でキングメーカーだった田中角栄の逮捕という、戦後最大級の疑獄事件となっただけに、そこで中心的役割を果たした児玉はフィクサーの地位から、光のあたる場所に無理矢理引きずり出された形となり、やがて事件の終結を待たずにこの世を去る。当然のことだが、師である児玉に降りかかった巨大な火の粉が律儀で義理堅い太刀川にかからないはずはなく、強要の疑いで逮捕されてしまう（のちに外為法違反で有罪が確定）。

しかし、児玉ゆずりで腹も据わっている太刀川がこの事件に関して話すことは皆無で、それはいまに至るまで続いている。

テレビ朝日の「天皇」

テレビ朝日専務

三浦甲子二

みうら・きねじ　1924―1985

長崎県生まれ。朝日新聞入社後、政治部に配属されると、河野一郎と昵懇の間柄となるなど、政治記者として頭角を現わす。「朝日の一面は三浦が作る」と言われるほどの権勢を誇った。独断的政治力で基盤を固め、「テレ朝の天皇」と呼ばれた。

朝日新聞東京本社政治部次長として辣腕を振るい、その威勢を知られた三浦が、日本教育テレビ（現・テレビ朝日）に出向したのは東京オリンピックの翌年、1965年のことだった。三浦は政治部時代に培った人脈をフルに使い、出向先でも瞬く間にポジションを築いていく。その彼の名がテレビ業界に一躍轟いたのは、1980年に旧ソ連で行われたモスクワオリンピックのときだ。オリンピックから遡ること3年、1977年に民放として異例の独占放映権を獲得することに成功。NHKはもちろん、テレビ朝日よりは先発にあたる民放各局も三浦の離れ業の前に歯ぎしりすることとなる。その背景には、ソ連通の河野一郎と三浦の深い関係が影響していたというから、まさに本領発揮というところだ。

　もっとも、せっかくの独占放映権もソ連のアフガニスタン侵攻とそれによるアメリカなどの西側諸国のボイコットの側杖を食う形で日本も不参加となり、当初想定されていた規模よりは大幅に放映を縮小する羽目となってしまう。しかしながら、テレビ業界をあっと言わせた三浦の荒業自体の評価は変わらず、のちに〝テレ朝の天皇〟と呼ばれる地ならしはできあがった。

　そんな三浦のテレビマンとしての評価を決定づけたのは、のちにお化け番組となる『ニュースステーション』をスタートさせたことだろう。月曜～金曜の22時スタートという当時としては異例の放映時間に、プロパーのテレビマンからは疑問符を付けられたが、番組の大成功は三浦の判断が正しかったことを証明した。彼の豪腕ではあるがやや独善的な手法は、局内の一部から反発を招いた。だが、硬軟混ぜ合わせたその手法が、後発のテレビ朝日を他局と同格に引き上げたことは間違いない。

NHK「歴代最強会長」

NHK第15代会長

島桂次

しま・けいじ　1927―1996

栃木県生まれ。NHKに入局後、政治部所属となってからは自民党有力者との強固なパイプ、ライバルの排除など、時に力業で、時に謀略で着実に権力のステップアップを果たす。トップである会長職にまで上り詰めるも、最後は失脚。

公共放送であるNHKにもかかわらず、〝色合い〟がはっきりとした人物ではあった。池田勇人や田中角栄などの自民党有力政治家との関係は自他ともに認めるところで、「自民党の代理店」とも揶揄された。特に池田勇人から始まる宏池会とのパイプは、あの渡邉恒雄をもってしても崩すことはできなかったという。

もっとも、島の場合はNHKの強みを活用して政治家に接近したわけではなく、逆にまだ新聞優位な時代にテレビの利点を自民党の大物たちに知らしめたとも言える。

1960年10月12日、日比谷公会堂での自民党、日本社会党、民社党の三党首立会演説会は、もとはと言えば、島が自民党総裁・池田勇人に持ちかけたものだとも言われている。山口二矢（おとや）による浅沼稲次郎刺殺という歴史的事件が起こってしまったことで、日本初の討論会は池田からやや筋違いな叱責を受ける羽目になったが、テレビ時代の政治を見据えた島の慧眼は評価されるべきだろう。ショースタイル・ニュース番組の先がけとも言える『ニュースセンター9時』の立ち上げに関わり、当時、外信部長に昇格して3年あまりだった磯村尚徳を、キャスターにと口説いたのも島の尽力によるものである。フランス通として知られ、ヨーロッパ総局長も務めた磯村の起用は、それまでのNHKニュースのイメージを大きく変えることに成功し、同局の看板番組ともなった。

1989年にNHK会長に就任したが、紅白に代わり得る番組を……と考えていた島は、「今年で紅白を終わりにしたい」とも口にした。アジアに視野を向けた音楽祭を、という構想もあったというが、結局は局内不祥事による島の失脚もあり沙汰やみとなる。

公共放送の「独裁者」

NHK第17代会長

海老沢勝二

えびさわ・かつじ　1934―

茨城県生まれ。NHK政治部に配属後は、父親が橋本登美三郎の後援会会長をしていたこともあり、早くから自民党有力政治家に食い込んだ、典型的な政治記者である。親分格である島桂次との間柄は微妙で、ライバルとなってからは疎まれる。

「シマゲジ」こと島桂次の腹心だった海老沢。島と歩調を合わせるように出世街道を進んだが、島がNHKの頂点に上り詰めるや、その関係性に陰が見え始める。一度は、切れ者の海老沢が理事職から子会社であるNHKエンタープライズの社長へと出向させられる羽目になるが、その直後、島が不祥事で失脚。やがて、島なきあとのNHKに返り咲いた海老沢は、専務理事、副会長を経て第17代のNHK会長に就任する。そして、元ボスの失脚を目の当たりにした海老沢は島以上のワンマン体制を敷いていく。そのこともあって、週刊誌メディアからは隣国の独裁者をもじり〝エビジョンイル〟というありがたくないニックネームを頂戴したほどだ。

苛烈な社内権力闘争と会長就任後の独断ぶりで強面の印象を残す海老沢だが、政治部の記者時代は、父親が後援会会長をしていた関係で橋本登美三郎とも懇意であり、調整能力に長け周囲の引き立てを受けやすいタイプであった。それだけに、政治力と時勢を見る目は抜群、また佐藤派、そしてその後の田中派と、自民党政治のど真ん中を歩んだことも彼の存在感を際立たせることになった。前述したように島の引き立てもあり順調に出世コースを歩んだが、やはり、出世の要因は海老沢自身の政治記者としての秀でた判断力である。

その海老沢は１９９７年７月、17代会長に就任して以降、およそ７年半にわたって会長のイスに座り、良くも悪くも圧倒的な力でＮＨＫを牽引することになる。２００３年の地上デジタル化では唯一の公共放送として中心的役割を果たすなど、海老沢は絶頂期を迎え、放送業界トップとして十分の勢威を見せつけることとなった。

放送業界の頂点に立つ男

日本テレビ会長

氏家齋一郎

うじいえ・せいいちろう　1926―2011

東京都生まれ。野村證券の入社試験にも受かっていたが、渡邉恒雄から読売新聞に誘われ入社。東大時代は共産党シンパで同期の仲間に堤清二などがいる。結果的に、入社後は新聞とテレビで渡邉と権力の座を分け合う形となった。

氏家齋一郎について語るとき、必ず名前が出てくるのがナベツネこと盟友・渡邉恒雄だ。氏家にとっては、東大の1年先輩であるが、大正15年生まれと同年齢である。

読売新聞経済部時代の氏家に、のちに彼の力の源泉となる政治家とのパイプをつないだのもやはり渡邉だった。1995年頃、渡辺は懇意にしていた中曽根康弘に経済部の記者を紹介してほしいと言われ、盟友である氏家を紹介する。石原慎太郎と氏家の関係もこのときから始まり、やがて氏家は石原の息子の伸晃を日本テレビで面倒を見るまでになる。石原慎太郎をして、「（仲晃の）育ての親はウジさん（氏家）」と言わしめるほどになったことでも分かるように、氏家も渡邉同様、有力政治家に深く食い込み影響力を行使するようになる。読売新聞東京本社が建っていた旧大蔵省所有の土地の払い下げにおいて、大手町をシマとする産経新聞の強硬な反対を振り切ってまで成功に導いたのは、経済界に強い氏家、政界に強い渡邉の表裏の工作の賜物である。

氏家にとって最大の敵となったのは読売新聞社の販売のボス・務台光雄であった。結局、務台によって氏家は56歳にして就いた日本テレビ副社長という地位を追われ、顧問という名目で捲土重来を待つ。その後、かつての共産党仲間・堤清二の下に身を寄せるなどしていたが、務台の死去とともに要職に復帰。このあたりの機微と動きは、ある種の強運を感じさせる。

その後、社長として絶大な権力をふるうのは周知の通り。晩年は、「日本テレビの天皇」と揶揄もされたが、氏家にすれば失脚の怖さは骨の髄まで知っている。それゆえの独裁的統治だったのであろう。

「ジブリ」を生んだ出版界の雄

徳間書店創業者

徳間康快

とくま・やすよし　1921―2000

神奈川県生まれ。読売新聞に入社するが、共産党シンパで労働争議にも深く関わったため社を追われる。のちに徳間書店を設立。出版事業以外にも熱心に取り組み、特に映画、アニメ、文化事業などへの傾倒は顕著だった。

「やすよし」という本名よりも、業界内では「こうかい」という名で呼ばれることが多い。もともとは読売新聞の記者で、社をレッドパージで追われた経緯もあり、同僚だった渡邉恒雄や氏家齋一郎との関係は終生続いた。のちにスタジオジブリの作品を日本テレビが制作するようになったのは、徳間と氏家の関係が大きく関係している。また、いまや名所ともなった東京都三鷹市にある「三鷹の森ジブリ美術館」は、氏家によると徳間が30億円、徳間の依頼を受けた氏家の判断で日本テレビから20億円、計50億円でつくられたというから、その関係の深さも分かろうというものである。徳間の金策の才は、彼を知る多くの人物から聞かれる特徴でもある。

読売を追われた徳間が「東西芸能出版社」を設立し、『アサヒ芸能新聞』を発行したのは1954年のこと。このアサヒ芸能新聞は、のちに『アサヒ芸能』と名前を変え、出版社系週刊誌としては『週刊新潮』に次ぐ老舗週刊誌として現在に至る。その後、人気アニメ誌となった『アニメージュ』など稼業である出版業を拡大していくが、なんと言っても徳間が異能の人物として業界に力を発揮していくのは、破綻した大映の買収による映画界への進出、同じくミノルフォン買収して徳間音楽工業（のちの徳間ジャパン）設立による音楽業界への進出など、徳間グループのコングロマリット化以降のことである。

晩年の徳間は強引な事業拡大による経営難に悩まされることになるが、それでも強気の姿勢は崩さず、特にジブリをはじめとする文化事業には惜しみなく資金を出し続けた。独断専行と批判されることも多い徳間だが、存外、お人好しの面もあったというのが周囲の評価である。

文豪も畏怖した新潮社の天皇

新潮社取締役

齋藤十一

さいとう・じゅういち　1914―2000

北海道生まれ。文芸誌『新潮』で編集者人生をスタート。その後の新潮社有力誌の多くの創刊に関わり、企画から記事の見出しまで、ほぼ齋藤イズムで埋め尽くすほどだった。外部での評判同様に新潮社内でもカリスマ的な存在感を発揮。

十一という珍しい名前は、紀元節である2月11日に生まれたことで父親に名付けられたという。一般的にはあまり耳にすることがないこの十一という名だが、出版界ではまず知らない者はいない。また同時に、畏怖を持ってこのように呼ばれることもある。いわく、「新潮社の天皇」「怪物」……。

終戦後、文芸誌の『新潮』の編集者となってからは、坂口安吾などの大作家を担当する一方、たとえ彼らであっても原稿を「ボツ」にするなど、カミソリ編集者として知られた。その後も、五味康祐や柴田錬三郎、山口瞳など日本文芸界に名だたる作家たちを育てた。そして、齋藤の出版界における大きな功績が、『週刊新潮』の創刊である。この出版社としては初の週刊誌創刊にあたり、齋藤はあえて人間の本質と捉える俗物性を前面に押し出し、いわゆるスキャンダル路線を否定しなかった。

そして忘れてはならないことがもうひとつ、日本初の写真週刊誌『ＦＯＣＵＳ』の創刊である。芸能人はもちろん、スキャンダルが致命傷となる政治家や官僚などに蛇蝎（だかつ）の如く嫌われたが、大衆の多くは齋藤路線を支持し、のちに『ＦＲＩＤＡＹ』（講談社）や『ＦＬＡＳＨ』（光文社）など同業他社も参入して、「３ＦＥＴ」と呼ばれる写真週刊誌5誌乱立の状況を呼び込む。

晩年になっても人前に出ることがなかった齋藤は、まさに黒幕然とした存在であったが、２０００年12月23日に放映されたニュース番組に初めてテレビ出演する。美和夫人編の『編集者齋藤十一』（冬花社）によれば、テレビに映る自分を見て「老醜だ、もう死ぬべきだ。生きているべきではない」とつぶやいたという。その5日後に世を去った。

メディアを牛耳る豪腕プロデューサー

幻冬舎社長

見城 徹

けんじょう・とおる　1950—

静岡県生まれ。廣済堂出版時代に企画・編集した『公文式算数の秘密』は38万部超の大ベストセラーに。"金をかけずに儲ける"典型例となる。1993年に幻冬舎を設立して以降は、業界仕掛け人として政界や芸能界にも影響力を発揮。

時代が昭和から平成、令和に替わり、出版業界から「大編集者」と呼ばれるような大物がいなくなって久しい。そんななか、業界内で〝最後の大編集者〟と畏敬の念を持って呼ばれているのが見城徹だ。角川書店時代には、数多くのベストセラーを担当、月刊誌の編集長を務めれば飛躍的に部数を伸ばすなど、すでにカリスマ的才能を現していた。そんな見城が、誰に遠慮するでもなく、自らの辣腕を振るい始めるのは1993年の幻冬舎設立からだ。

見城人脈のすごみと奥深さは、本筋とも言える五木寛之や石原慎太郎——それぞれ『大河の一滴』『弟』と、幻冬舎からベストセラーを出す——など文壇の大御所のみならず、テレビや音楽、映画など芸能全般にまで及んでいるところだろう。それが、のちのテレビメディアを巧妙に使った幻冬舎商法へとつながっていくのだが、その先兵ともなったのは、郷ひろみの著作『ダディ』であった。

また、見城の出色の手法には芸能・テレビ界とも親和性がある。百田尚樹の『殉愛』、清原和博の『男道』などは、発売と時を同じくして『金スマ』（ＴＢＳ系）とコラボレーションし大きく取り上げられ、ともするとスキャンダルと取られかねないきわどい内容すらも、美談としてブラッシュアップする役割を果たしている。このテレビメディア、そして芸能事務所との〝阿吽のランデブー〟の裏には見城が業界内に持つ、強大な人脈と影響力があってのことである。

現在は、エイベックスグループホールディングスの非常勤取締役を務めるなど、見城とテレビ、芸能界の結びつきはより強固なものとなった。皮肉なしで言うならば、斜陽の出版界において、見城こそが起死回生を生む最終兵器となるかもしれない。

6章　芸能・スポーツ

ミステリアスな「六星占術」の真実

占術家
細木数子
ほそき・かずこ　1938―2021

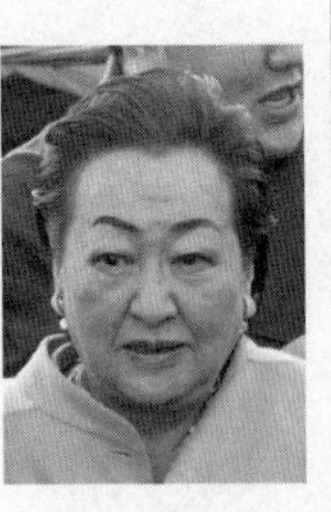

東京都生まれ。歯に衣着せぬ物言いで2000年代前半、テレビ業界を席巻、時代の寵児となる。抜群の知名度と熱心な支持者によって六星占術の占い本は毎年、大ベストセラーに。裏社会との強力なコネクションの噂も「細木伝説」のひとつに。

占い好きの日本人にとって、「六星占術」はわりと名の通った占いである。それ以上に、六星占術の開発者である細木数子の名前と顔は広く知れ渡っているだろう。一時期、テレビに出ない日はないというくらいに露出が多く、テレビタレントとしての知名度も高かった細木。かつて、『ズバリ言うわよ！』（TBS系）という彼女の冠番組があったことでも分かるように、歯に衣着せぬ物言いは一部の視聴者の溜飲を下げ、視聴率女王の異名を取ったことすらあった。だが、細木数子の影響力の強さは、テレビ番組の演出の範疇に収まるものではなかった。彼女の人脈は、政界や財界、スポーツ界にまで及んでいるのである。一時期、細木の事務所には自民党大物政治家の書も飾られていたという。そんな彼女の人脈を語るときに欠かせない出来事が、1983年、陽明学者・安岡正篤との間に交わされた婚姻騒動である。

歴代総理の指南役として、日本の政界に隠然たる力を誇った安岡だが高齢には勝てず、細木と婚約を誓ったとされるときは、85歳で認知症の症状も見られたという。当時、銀座のクラブのママであった細木には、遺産狙いではという声も上がり、安岡の親族は婚姻無効の裁判を起こした。安岡自身は、その渦中で他界したが、裁判の結果、婚姻は無効となった。

細木の「深み」を見せる出来事もあった。ジャーナリスト・溝口敦氏による週刊誌連載『細木数子　魔女の履歴書』に対し暴力団を使って圧力をかけたとして、裁判沙汰になったのである（のちに、裁判所の和解勧告に従って細木が告訴を取り下げる）。

2021年11月、83歳で波瀾万丈の人生を閉じた。

「霊感美少女」の悲しき命運

占い師

藤田小女姫

ふじた・こととめ　1938―1994

福岡県生まれ。幼少の頃から霊感が強く、地元ではなんでも当てる天才少女占い師として有名であった。美少女であったこともあり、各界の著名人に寵愛されたが、最後はスキャンダルのため海外に移住、ハワイの自宅で殺害される。

オウム真理教事件を省みるまでもなく、カルト宗教やオカルト信奉が大きな悲劇を生むことはよく知られている。それにもかかわらず、これまた多くの人間がそれらにハマるのも事実だ。特にオウム事件では、世間で言われるところのエリートが絡め取られ、取り返しのつかない悪事に手を染めた。これを不可解、またはレアケースと論じる向きもあるが、実はこの手のできごとは、日本の中枢にいる人物に昔から見られる傾向でもあるのだ。

1950年5月1日の『産業経済新聞（現・産経新聞）』の社会面に「奇跡の

少女現る……」として紹介された小学校6年の少女こそ、その後、日本の政界や財界にまで影響を及ぼした天才占い師・藤田小女姫こと藤田東亜子であった。フジサンケイグループの創始者である水野成夫はこの少女を可愛がり、産経ビルの一室を貸与するほどの寵愛ぶりを示したのだ。この天才美少女占い師は、よほど占いが「当たる」のか、それとも天性の大人に可愛がられる素養があったのか。水野のみならず岸信介や松下幸之助、それにあの政商・小佐野賢治までが彼女のご託宣を拝聴していたという。

この頃、時の皇太子、現在の上皇のご成婚や日本のその後を左右した安保条約の成立までを予言・的中。小女姫に対する日本の過熱ぶりは海外までが注視した。

文字通り日本社会を引っかき回した小女姫は、年を取るにつれて霊感が薄れ、自らの離婚や経営するサウナの火災を予知することができず、いたたまれなくなったのかハワイに移住してしまう。その小女姫の名が再び日本で聞かれたのは、1994年2月のこと。なんと息子の友人にハワイで殺害されてしまったのである。まさに自身の未来は予見できぬ占い師の悲劇であった。

大統領に嫁いだ「東洋の真珠」

スカルノ元大統領第3夫人

デヴィ・スカルノ

デヴィ・スカルノ　1940―

東京都生まれ。赤坂の高級クラブ「コパカバーナ」在籍中にインドネシアのスカルノ大統領に見初められ第3夫人に。スカルノ失脚後はパリに亡命。社交界デビューする一方で、ヨーロッパとインドネシアのパイプ役として財を成す。

デヴィ夫人と言えば、ワイドショーやブログでの歯に衣着せぬ発言で世間を騒がすご意見番、といったイメージが強いかもしれない。だが彼女の半生を追えば、戦後日本でもっともダイナミックに権力の懐に入り込んだ女性だということが見えてくる。

本名は根本七保子（なおこ）、実家は裕福ではなく多額の借金があったという。家計を助けるために高校を中退し、赤坂の高級クラブ「コパカバーナ」のホステスとなったところから根本の第2の人生が始まる。「東洋の真珠」と呼ばれた美貌で、インドネシアのスカルノ大統領に見初められ、19歳で東日貿易の秘書としてインドネシアへ。3年後にスカルノと正式に結婚し、第3夫人となった。

絵に描いたようなこのシンデレラストーリーを、マスコミは「日本を捨てた売春婦」とバッシングした。これは根本の結婚の裏に、インドネシアの資源に目を付けた商社・丸紅とフィクサー・児玉誉士夫が深く関わっていたからだ。日本側は1000億円以上とも言われた戦後賠償金の〝生け贄〟として根本を差し出し、大統領のほうもジャパンマネーを引き入れるという意味で彼女を夫人にするメリットがあった。こうした経緯から根本の実家にも誹謗中傷が続き、母親は心労のために亡くなり、2日後に実の弟も自殺。数年後には軍事クーデターが起きてスカルノは失脚し、根本はフランスへの亡命を余儀なくされる。

だが彼女は美貌の裏に、非常なしたたかさを隠し持つ。パリ亡命後に社交界デビューした根本は、持ち前の美貌で数々の浮名を流しつつ、その資金を元にエージェントとして会社を設立。ヨーロッパとインドネシアのパイプ役としてさらなる資産を築いた。

相撲利権を牛耳った「日大の帝王」

日本大学元理事長

田中英壽

たなか・ひでとし　1946―

青森県生まれ。日本大学3年のときに学生横綱のタイトルを獲得。卒業後も日大に勤務しながら相撲を続けアマ横綱に。1983年、日大相撲部監督に。2008年、日大理事長に就任。2021年11月に所得税法違反の容疑で逮捕、理事長を辞任した。

大相撲界の上位を外国出身力士が占めるようになって久しいが、日本人力士に目をやると、近年上位で活躍している力士の多くがいわゆる「学生相撲出身」であることに気づかされる。

なかでも、角界の一大派閥として知られているのが日大相撲部出身者で、古くは横綱・輪島に始まり琴光喜、舞の海、高見盛、大翔山、豊真将、最近では人気の高い遠藤も日大出身だ。そしてこの日大相撲部の一切を仕切った「ドン」が田中英壽・日大元理事長である。「外国人力士は1部屋1人」という現行の規定の下では、米びつ（金を稼げる力士）となる有望な新人を獲得したい相撲部屋にとって、即戦力の力士を多数抱える大学相撲部は大変な「お得意先」である。1983年、37歳で日大相撲部監督に就任した田中は、角界最大の人材供給者として頭角を現し、また角界入りした弟子たちが親方になっても鉄の「日大閥」を堅持することによって、隠然たる支配力を持つことになった。

また、田中はアマチュア相撲を統括する国際相撲連盟会長にも就任。世界中から大相撲入りを希望するアスリートたちの情報拠点になっており、その意味でも角界の「裏天皇」と呼ばれるその権力は絶大だ。

もっとも、田中はこれまで数多くのスキャンダルに見舞われてきた。2010年以降に発覚した大相撲界の賭博、八百長疑惑では、大関・琴光喜以下多くの日大出身力士が角界を追放され、「日大シンジケート」の闇が指摘された。また、2014年には米メディアに六代目山口組・司忍組長と田中の親密な「ツーショット写真」が掲載され、田中がJOC副会長の要職にあることから「ヤクザ・オリンピック」と報道された。

劇画の世界に君臨した「暴君」

漫画原作者・小説家

梶原一騎

かじわら・いっき　1936―1987

東京都生まれ。『巨人の星』などで知られる日本を代表する漫画原作者。スポ根物を得意としたように、豪放磊落な性格を見せる反面、漫画原作者の社会的な認知度が低いことにコンプレックスを持つなど、繊細な一面もあった。

梶原一騎の才能について考えるとき、さまざまなスキャンダルはまず差し引いて考えなければならない。ある意味、それほど激しく、浮き沈みの多い人生を送ったと言える。梶原の名作は多い。『巨人の星』『タイガーマスク』『愛と誠』などは、漫画界のみならず〝スポ根〟に代表されるような社会現象にまでなった。そして、彼の人生の面白いところは、これらの作品内容とリンクするように現実社会に影響力を及ぼしていったことである。

『空手バカ一代』は、言わずと知れた極真空手の創始者である大山倍達を主人公とした劇画だが、それと同時に原作者の梶原によって多大な脚色が加えられていたことは有名だ。在日韓国人である大山を特攻隊の生き残りとして描いたのは、当時の苛烈な朝鮮人差別を考えれば仕方ないとしても、彼をフィーチャリングするために荒唐無稽な存在に押し上げてしまったことが問題となった。

漫画原作者としての立場を超え、格闘技界のフィクサー然とした梶原がむき出しになったとき、莫大な金が動くとともにトラブルも重なるようになる。暴力団も関与した「アントニオ猪木監禁事件」（新日本プロレスの新間寿元営業本部長は、現実には新間監禁事件だったと述べている）、「猪木 vs ウィリー・ウィリアムス」の一戦、そしてとどめは梶原が逮捕された「編集者暴行事件」がそうだ。これによって事実上、出版界から追放された梶原は体調を崩し、やがてその人生の幕を閉じることになる。

このように、彼の周囲に起こったトラブルだけを拾っていくと、梶原の漫画原作者としての肯定的な部分は霞んでしまう。だが、冒頭に書いたように、それによって彼の生み出した名作の輝きまでが失われたわけではない。

時代を彩った格闘技プロデューサー

正道会館創始者

石井和義

いしい・かずよし　1953―

愛媛県生まれ。1975年、大阪に極真会館芦原道場の支部を設立し、関西一帯に支部を増やした。1980年に独立し「正道会館」を創設。佐竹雅昭、角田信朗らを輩出。90年代から興行に進出し、「K-1グランプリ」を開催して大ブームを起こす。

1953年、愛媛県宇和島市に生まれた石井和義は、中学生のときに極真会館館長で空手家の大山倍達による伝説の「牛殺し」に衝撃を受け、自分もやってみたいとの衝動にかられ空手の稽古を始めたという。

16歳で極真会芦原道場に入門すると、翌年には黒帯を修得するなど才覚を見せる。だが、それ以上に商才にも恵まれていたようだ。22歳のとき、大阪で極真会館芦原道場大阪支部を設立。そこから関西圏にいくつもの支部を構えるほどに拡大させ10万人を指導した。27歳で独立し正道会館を設立すると、いっそう裾野は広がり、全国に道場は300ヵ所を超えたという。

1990年代に入って、全日本キックボクシング連盟の大会に正道会館所属の選手らが参戦したのを皮切りに興行の世界へ進出。テレビコンテンツとして立ち技格闘技「K-1」を1993年に立ち上げると、爆発的なブームが起こった。石井は、その波を逃すことなく確実に新しいファン層を取り込み、メディアミックスの手法でK-1を国民的スポーツへと育て上げた。

1997年からは東京、大阪、名古屋の3大ドームツアーを成功させ、同年に始まった「PRIDE」との覇権争いが本格化する。2000年代に入るとリアルファイトの人気が日本でブレイク。2002年には国立競技場で9万人を集めた格闘技興行「Dynamite!!」を開催。テレビ中継もレギュラー化され、プロレスとのマーケットは逆転した。ただし、このあたりがピークだったかもしれない。

同じ年、すでにK-1のドンとして知られていた石井は、法人税の脱税容疑で逮捕される。2006年に最高裁で有罪が確定（懲役1年10月の実刑判決）。2008年に出所するまで静岡刑務所に服役した。

「サンデーサイレンス」伝説

社台グループ創業者

吉田善哉

よしだ・ぜんや　1921―1993

北海道生まれ。父親が興した牧場経営を飛躍的に発展させ、世界でも屈指の競走馬生産牧場に。父以来の夢はダービー制覇で、1986年にダイナガリバーでその夢を達成したときは人目をはばからず号泣した。

競馬ファンならずとも、「社台(シャダイ)」という名前くらいは一度ならずとも耳にしたことがあるだろう。

マンハッタンカフェ、ダイワメジャー、ダイワスカーレット……競馬ファンなら、これら数多くのG1制覇が社台の生産馬であることを知っている。日本、というより世界でも有数の競走馬生産牧場である社台グループを、実質一代でつくり上げた吉田善哉。彼が競馬界に絶大な影響力を残したのは、天性の先読みの感覚と「馬バカ」とでも言うべき競走馬への執着的熱意の賜物であった。なかでも、名種牡馬・サンデーサイレンスに大金をつぎ込んで購入した話はいまや伝説となっている。

サンデーサイレンスの所有権の4分の1を持っていた吉田は、ケガでの引退を機に種牡馬として所有することを決意、かねてから懇意であったアメリカの牧場主に話を持ちかけた。電話交渉の末、妥結した金額はなんと約16億5000万円（1100万ドル）。いくらその道の第一級のプロである吉田の見立てとは言え、莫大な金額ではあった。しかし、購入後、吉田は取材に対し「手頃な価格で折り合いがついた」と述べているのだから、それだけの確信があったのだ。それは、自らの頭にたたき込んだ数千頭にのぼる競走馬とその血統、そして競走馬成績であった。

言ってみれば吉田の中にある巨大な競走馬データは、サンデーサイレンスは16億の価値に見合う……と弾き出したのである。結果を言えば、サンデーサイレンスの産駒は70勝を超えるG1勝ちを収めたのだから、その判断はまったく間違っていなかったと言える。

スカウトが恐れた「球界の寝業師」

福岡ダイエーホークス社長

根本陸夫

ねもと・りくお　1926—1999

茨城県生まれ。無頼派として知られ、強面のイメージは晩年まで変わらなかった。1952年、近鉄に捕手として入団。頭のキレは抜群で、その頃からチームの戦略に加わるようになる。31歳で引退後、広島、西武などで監督を歴任。

人呼んで〝球界の寝業師〟。広島、クラウンライター（現・西武）、西武、ダイエーで監督を務めた根本陸夫だが、史上3人目の両リーグ最下位という不名誉な記録を残すなど、決して指導者としての評価は高くない。しかし、寝業師という異名からも分かるように、スカウト、チーム編成などの裏方仕事で、あらゆる手立てを尽くして戦力アップを図るというその手法が、球界で高く評価され、また同業者に恐れられもした。

根本は1978年、クラウンライターライオンズの監督に就任するも、翌年、球団は西武に買収される。太平洋クラブ、クラウンと、資金力が豊富とは言えない企業から一転、当時、飛ぶ鳥を落とす勢いの西武がオーナーとなり、根本の豪腕を振るう環境が整った。根本は、新興球団・西武ライオンズの初代監督から管理部長という裏方に立つと、その本領をいかんなく発揮。のちに、西武の黄金期を支える森繁和、松沼久博・雅之兄弟、石毛宏典、伊東勤、そして工藤公康……などを次々と獲得。もちろん、ドラフト上位指名の選手もいたが、根本の寝業師としての手腕はドラフト制度の網をくぐり抜けるきわどいものであった。

プロ拒否宣言をさせておいて下位やドラフト外で獲得する、球団職員として囲い込む、グループ会社であるプリンスホテルの社会人野球ルートを目一杯有効活用するなど、その手口は多岐にわたり、裏で動いた金額も莫大なものであるとささやかれた。

同時に根本の親分肌で面倒見が良い性分は、「裏仕事」に信用性を持たせるうえで大きくプラスに働く。選手たちには「オヤジ」とも呼ばれ、選手の家族や関係者からも「根本さんに任せておけば大丈夫」という評価を得た。

高野連の天皇と呼ばれた男

高野連初代会長

佐伯達夫

さえき・たつお　1892―1980

大阪府生まれ。有望野球選手として知られ早稲田大学に進学するも、当時は戦時下で伝統の早慶戦が取りやめに。1967年に高野連の会長に就任した後は「現場第一主義」を唱え、健闘した選手、敗者に温かい言葉を贈った。

高校野球界には、「天皇」と呼ばれる人間が何人かいた。佐伯はその初代で、高校野球界の歴史において、並ぶ者のいない絶大な権力を誇った人物だ。戦後まもない1946年、全国中等学校野球連盟（のちの日本高等学校野球連盟＝高野連）創設の中心メンバーとして骨を折ると、そのまま組織のトップの座に就任。1980年に88歳で没するまで高野連の指導的立場に君臨する。

いちアマチュアスポーツ連盟のトップである佐伯が、天皇と呼ばれるまでになったのにはもちろん理由がある。一つは、戦前、朝日新聞と毎日新聞（夏と春）

が主催していた大会を連盟との共催という形に持っていったことだ。大学野球に次ぐ人気を誇っていた高校野球をその手中に収めた連盟が、大きな力を付けるのは当然の帰結。さらに佐伯は、武家出身らしい厳格な規律を加盟する高校すべてに課し、発案者でありトップに君臨する佐伯をも神格化させることに成功する。

「高校野球は教育、人間形成の場」という基本理念は佐伯個人の価値観が大きく反映されたものであり、特に金の卵を渇望して高校野球に接触するプロ野球関係者と選手の間に一線を画することを強く通達した。この佐伯の「指導」によって高校生が大人社会の札束攻勢にさらされることを防いだのは事実であるが、一方でいわば搦め手にあたる関係者、特に有力監督たちが選手の生殺与奪権を握るような、いびつな状況をも呼び込んだ。

もうひとつ、戦前生まれの佐伯らしい考え方であるが、高校の不祥事などが起こった場合にきわめて厳しい「連座制」を強いたことが挙げられる。同じ高校の一般の生徒が起こした事件（暴力、飲酒など）ですらも、大会への出場を辞退させられるようなケースがあったが、それも佐伯イズムの一断面だ。

コラム　〝昭和の怪物〟江川卓と「空白の一日」事件の謎

戦後、「怪物」というニックネームが付けられた著名人は数多くいるが、なかでも「怪物」の代名詞がもっとも広く知られた日本人と言えば、元プロ野球選手の江川卓であろう。

１９８７年の現役引退から雌伏30年余。いまも絶大な知名度を持ち、野球理論にも定評のある江川卓氏だが、なぜか引退後一度もユニフォームに袖を通すことなくここまできた。この間、何度となく「巨人監督・コーチ候補」として名前が浮上したものの、結局、実現しないままに終わっている。

江川はなぜ巨人の監督になれなかったのか――それを語るうえで避けては通れない過去がある。それがあの「空白の一日」事件である。

１９７８年11月21日に起きた、いわゆる「空白の一日」事件は、プロ野球の世界を超越した社会的事件として、ファンに忘れがたいインパクトを残した。

1978年「空白の一日」事件。巨人入団を強行した江川に批判が集まった

作新学院時代から超高校級の剛速球でプロの注目を集めていた江川は１９７３年、高校卒業時のドラフトで阪急ブレーブスに指名される。

ちなみに当時のドラフトは変則ウェーバー方式で、指名順位が先の球団が指名した選手を、後の球団が指名することはできなかった。この年阪急の指名順位は6位、そして巨人は10位である。

江川は阪急の指名を蹴って、事前に表明していた通り大学に進学。第一希望の慶応大学は入試に失敗し、進学先が法政大学になる誤算はあったものの、六大学野球で通算47勝（史上２位）、

443奪三振（当時史上1位）など数々の記録を打ち立て、卒業時のドラフトでは巨人への入団希望を表明した。

しかし、このときも指名順位が上で福岡県を本拠地とするクラウンライター（現・西武）が江川を強行指名。江川を指名できなかった巨人は山倉和博を指名した。江川はクラウンへの入団を拒否し、社会人野球にも進まず作新学院職員として米国へ留学する。

そして翌年のドラフト前日の1978年11月21日に「事件」が起きた。米国から急遽帰国した江川が、巨人との入団契約を締結、発表したのである。

当時の野球協約では、ドラフト会議における交渉権は「翌年のドラフト会議前々日」までとされていた。

それを逆手に取った巨人は「ドラフト前日なら自由交渉ができる」と解釈し、江川との契約は有効と主張したのである。

「実はこの年からドラフトのシステムが変わり、複数球団による重複指名が可能となり、その場合は交渉権獲得球団を抽選で決めるという現在と同じ方式になった。このシステムでは巨人が江川を一本釣りできる可能性は低く、どうしても江川を獲るには、こうした裏技を使わなければならない事情があったのです」（当時を知る元スポーツ紙記者）

野球協約の盲点を突いた巨人と江川のやり方に世間と球界から非難の声が上がり、鈴木龍二・セ・リーグ会長（当時）はいったん契約を無効とする。

しかし巨人側も「論理的な不備はない」として反発し、翌日のドラフト会議をボイコット。巨人不在のドラフト会議では南海、近鉄、ロッテ、阪神が江川を1位指名し、抽選の結果、阪神が江川との交渉権を獲得した。

しかし、巨人はもしこの契約が認められないのであれば、リーグを脱退して新リーグを結成する構えを見せる。巨人の人気に支えられていた当時のプロ野球界は、重大な局面を迎えることになった。

この膠着状態を打開するウルトラCとして「いったん江川を阪神に入団させた後に巨人へトレードに出す」というコミッショナー案が浮上。

最終的にはその線に沿って、江川が巨人に入団する代わり、巨人の小林繁投手が阪神に交換トレードされるという決着を見た。これが「空白の一日」事件の大まかな流れである。

■部数が激減した読売系新聞

この一連の問題は、読売の横暴として国会でも問題になり、また人気を二分するライバル球団の巨人と阪神が当事者になったこともあって、すさまじい「江川バッシング」が日本中で巻き起こった。

「当時、読売系の報知以外のスポーツ新聞は、江川と巨人を叩くことで売れに売れました」

と振り返るのは、当時、報知新聞（現・スポーツ報知）でキャップを務めていた柏英樹氏である。

「そもそも江川がなぜあのとき巨人にこだわったのか。いろいろ言われてはいますが、経営難に苦しんでいたクラウンライターには入りたくなかったというのが一つと、あとはやっぱり長嶋さんの下で野球がやりたかった。それが大きな理由ではなかったかと思います」

江川のみならず、当時はプロを目指す選手の多くが、テレビ中継もあり、ファンも多く、しかもスーパースターの長嶋が監督を務める巨人に入団したいと内心思っていたことは間違いない。

のちにさまざまな証言から明らかにされたことは「空白の一日」の流れは江川本人の意思と言うよりも、巨人と江川の周辺で動いていた政治的な力によって生じた、コントロールできない「濁流」とでも言うべきものだった。

しかし当時のプロ野球ファンからすれば、ルールを曲げてまでジャイアンツ入りをゴリ押しするふてぶてしい江川は憎悪の対象でしかなく、実際かなりの巨人ファンが報知や読売新聞の購読を中止し、部数は激減したと言われる。

前出の柏氏が当時の騒動を振り返る。

「僕ら報知のなかでも、巨人がやったことはおかしいと考える人は多かったんですよ。江川個人というよりも、球団の批判されるべき点はしっかり書くべきだと言う人も多かった。ただあのとき、僕は読売の御前会議に呼ばれてね。『書くなとまでは言わない。ただ、論評を加えないで、江川が何をしたのかという事実だけを伝えてほしい』と言われたことを覚えていますね」

やはり報知新聞の部数は落ちたのか。

「ええ、落ちました。ただ江川が入団した後は持ち直しましたよ。部数のことで言えば『空白の一日』よりも、その後の長嶋監督解任（1980年）のときのほうが影響は大きかった。その後、原辰徳が入団して、江川が完投し、原が打って勝つ試合が何度もあった。しかしその場合でも、『原打った』よりも『江川勝つ』のほうが、新聞は売れました。たしかにアンチは多かったけれども、やっぱり実力があって、みんなが気になる。それが江川という選手でしたね」

もっとも、江川に定着したダーティなイメージはそう簡単に払拭できるものではなかった。

「阪神戦で甲子園入りしたときに、江川と喫茶店で話していたら、彼が『今日は（巨人の宿舎である）竹園旅館に何人ぐらい記者の方がいますか』と聞くんだよね。合わせて15人くらいかな、と言うと江川は20個もケーキを買い込んで『皆さんに差し入れです』と言うわけです。それで各社の連中に江川からケーキの差し入れだと渡したら、翌日のスポーツ紙の見出しが〈江川　記者にゴマすり〉だしね。何をしても悪く書かれるので可哀想なところがありました」

スポーツメディアだけではなく、読売の内部にも「空白の一日」事件によって江川に不信感を募らせた人物がいた。

それは当時の読売新聞社長であった務台（むたい）光雄氏であり、事件の事後処理を一手に引き受けたとされる「ナベツネ」こと渡邉恒雄氏である。

「空白の一日」における野球協約の盲点発見者には諸説あるが、超法規的な契約を実際に主導したのは江川の父と、作新学院理事長で江川の後見人だった衆議院議員の船田中（なか）・自民党副総裁、そして巨人軍の正力亨オーナーとされる。

船田は江川を何とか巨人に入れる方法を模索していた。当時船田の秘書を務め、のちに衆議院議員となる蓮実進が野球協約を精読して盲点を発見。事前に当時の真田秀夫・内閣法制局長官に「もし決行した場合」のリスクについて確認し「問題はないし、もし問題にされたら人権問題として裁判に訴えれば勝てる」とのお墨付きまでもらっていた。務台社長は知らされていなかったと言われる。

だが、こうした計画の詳細について、務台社長は知らされていなかったと言われる。

江川事件で世間から激しい非難を浴びた務台は、江川と正力亨オーナー、そして当時監督だった長嶋茂雄にまで不信感を募らせ、さらに読売新聞の実売部数が激減すると、その不信は怒りへと変わっていくのである。

■「沢村賞」を獲得できなかった理由

小林繁とトレードの形を取ることによって、なんとか巨人入りを果たした江川だったが、その悪役イメージはなかなか消し去ることはできなかった。

トレードに出された小林が、巨人戦8連勝を飾るなど意地を見せたことが大きく取り上げられ、それは江川への批判とセットで報じられた。

1979年の江川は9勝10敗にとどまり、一方の小林は22勝9敗と活躍。沢村賞も受賞した。

ファンやマスコミに叩かれるのには耐えられた江川も、巨人の一部チームメイトから白い眼で見られたことは、大きな苦悩の原因となった。救いとなったのは、当時の監督だった長嶋茂雄が江川をかばったことだった。

当時、夕刊紙『内外タイムス』のカメラマンとして巨人を担当していた山内猛氏が語る。

「たしかに江川が巨人入りした直後は、球場でもお客さんから野次が飛ぶなど悪役イメージが強かったと思います。しかし、2年目（1980年）に16勝を挙げ、怪物ぶりを見せつけられると、やっぱり江川はすごいという声に変わっていったように思います。やっぱりプロの世界は実力ですから、成績が上がれば雑音も消えていくものですよ」

1980年に長嶋監督が解任され、藤田元司が新監督に就任。また大物ルーキーの原辰徳（東海大）が巨人入りし、現役引退した王貞治は助監督となる巨人の新体制が固まった。

1981年のシーズンは江川、西本聖、定岡正二ら投手陣が安定。またルーキーの原をはじめ、松本匡史や中畑清、篠塚和典ら長嶋が育てたと言われる若手が大活躍。見事リーグ優勝を飾り、原は新人王を獲得した。

「この年の日本シリーズはよく覚えています」

と山内氏が語る。

「巨人は、同じ後楽園球場を本拠地とする日本ハムと日本シリーズを戦いましたが、第6戦で江川が完投勝利し、4勝2敗で日本一を決めました。このとき江川は最後の打者をピッチャーフライに打ち取り、自ら捕球して胴上げ投手になった。私はその姿を1塁側のスタンドから撮影していましたが、その表情は巨人に入団して3年目、20勝して日本一に貢献し、やっとチームメイトにはっきり認められたという喜びが感じられました」

この年、江川の20勝（6敗）は自身のプロ生活を通じてベストの記録だった。最多勝、最優秀防御率、最多奪三振、最高勝率のタイトルも獲得している。

しかし、ここでも「事件」が起きる。セ・リーグの投手を対象に選出されていた名誉ある「沢村賞」（現在はパ・リーグの投手も対象）に選出されたのは、江川ではなく18勝（12敗）に終わっていたチームメイト・西本聖だった。

山内氏が語る。

「成績だけ見れば、江川が沢村賞を逃す理由はどこにもなかった。結局、まだマスコミ上層部の間で江川に対するダーティなイメージが消えていなかったのでしょう。当時、沢村賞の選考は東京運動記者クラブ部長会に委嘱されており、各社の運動部長による投票で選出されていた。現場の記者の間では、すでに江川に対する憤りはほとんどなくなっていたのですが、運動部長クラスになると、まだ『空白の一日』のことを問題視している人が多かった。江川とすれば少なからずショックだったかも分かりません」

江川は翌年にも19勝し、その「怪物」ぶりを改めて証明して見せた。しかし、沢村賞は20勝した北別府学（広島）が受賞。結局、江川は沢村賞を獲得することなく１９８７年のシーズンを最後に現役引退している。

■「清武の乱」で分かった江川の本当の評価

同じ人物が長きにわたって独裁的な権力を持ち続ける傾向のある読売グループにおいて、江川には引退後もなかなか「現場復帰」のチャンスが回ってくることがなかった。

あの桑田真澄もそうであったように、こと巨人の場合、グラウンド外でひと悶着あった選手が、なかなか指導者として復帰できない実例はかなり多い。

1980年のシーズンを最後に長嶋監督が解任された後、12年間にわたって浪人生活を送ったのも、もともと川上野球の信奉者だった務台氏が1991年に死去するまで「長嶋復帰」を頑として認めなかったことが影響している。

務台社長の下で事件の後始末を担当した渡邉恒雄氏もまた、江川騒動による「実損害」を目の当たりにした一人だった。

務台氏亡き後、読売新聞社社長に就任後、独裁的な実力者として読売グループを率いる渡邉氏は、当然、ジャイアンツの監督人事にも最終決定権を持つ。

冒頭の記者が語る。

「ナベツネさんが江川に良い印象を持っていないのは事実だが、その人気や知名度については認めている。また盟友だった氏家（齊一郎・元日本テレビ会長＝故人）さんの頼みとして『江川を何とか巨人の指導者に』という言葉も忘れてはいなかったはず。しかし渡邉さんは第1次原政権が終わった2003年のオフに江川に対し復帰の可能性を打診したものの、条件面で折り合わなかったと言われる。すぐにカネの話を持ち出した江川に対し、ナベツネさんの中であの空白の一日の悪しきイメージが蘇ってしまい、復帰の話が消えたと言われています」

江川氏のホームグラウンドである日本テレビはたびたび、あの「空白の一日」の真実を伝える番組を、江川にとってプラスになるような形で放送するなど、過去のダーティイメージを打ち消す援護射撃を担ってきた。

しかし、巨人監督の人事権は日テレではなく渡邉氏にある。江川が本当に野球を愛し、どんな条件でもいいから再びユニフォームを着たいという姿勢を見せなかったことも、ここまで江川の現場復帰が実現しなかった要因だろう。

通常、プロ野球の監督をやるにしても、現役引退から相当のブランクがあれば、まずはコーチで実績を積んでから上を目指すというのがセオリーだ。しかし江川の場合「監督でなければ」という姿勢を崩さず、また民放キー局で解説者の仕事をしながら現場にはほとんど顔を出さないスタイルで知られていた。
「当然、現役選手たちの評判は良くない。例えばその日にベンチ入りしている投手でも、実際には投げられる状態じゃないという場合が実際にはよくある。現場で取材していれば、それはすぐに分かるのですが、江川の場合グラウンドにおりてこないので、テレビでトンチンカンなことを言っていることがよくある。視聴者にはもっともらしく聞こえても、現場では『何を言ってるんだ』という解説がけっこう目立つんです。これも指導者としてのマイナス評価につながっている」（前出の記者）
自分の満足いく形でしか監督をやりたくないという江川に対し、その人気と話題性を利用したいのはヤマヤマだが、その不遜な態度が気に食わず、ここまで踏ん切りがつかなかった渡邉氏。

そんな両者の微妙な関係を突き破ったのが、2011年11月に起きた「清武の乱」だった。

■「たかが江川、されど江川」

当時、巨人軍の球団代表兼GMを務めていた清武英利氏が突然、記者会見を開いて球団会長の渡邉氏を糾弾。内定していた岡崎郁ヘッドコーチ就任の人事を白紙に戻し、江川をヘッドコーチとして入閣させる案を一方的に伝えられ、渡邉氏が次のように発言したと明かしたのである。

「江川なら集客できる。彼は悪名高いが悪名は無名に勝る。彼をヘッドコーチにすれば江川もファンも次は監督だと思うだろう。だが、監督にはしないんだ」

だが、皮肉にもこの暴露によって「江川入閣」はまたも幻となった。

渡邉氏が本当に江川ヘッド招聘を決断していたかどうかは、本人が「原監督の思いつきの段階で江川には就任要請もしていない」と語っており、本当のところは不明である。

しかし、江川招聘案が内部で浮上・検討されたことは渡邉氏も認めており、改めて渡邉氏が「江川人気」を一定程度、評価していたことが明らかになった。

読売新聞のライバルである朝日新聞記者は語る。

「清武の乱の後、新聞業界では逆にナベツネさんは江川を監督にするのではないかと言われていた。理由は2つあって、一つはまさにその清武の発言がデタラメであったことを証明するため。清武が暴露した『江川は監督にしない』といった発言内容と真逆をいけば、清武の立場をなくすことができる。そしてもうひとつは読売新聞の深刻な部数減。読売は2014年頃から雪崩を打って部数が減っており、2011年までキープしていた1000万部が800万部台にまで落ちていた。一時はウチ（朝日）の慰安婦報道を大批判するキャンペーンを繰り広げていましたが、部数の落ち込みはウチ以上で、どんな手を使ってでも部数減に歯止めをかけたい。そこで江川待望論が出てくるわけです」

江川や松井秀喜が巨人の監督になったとして、どれだけ読売新聞の部数に好影響があるかは未知数だが、読売グループのビジネスモデルから言えば「巨人が読売新聞のためにある」というのは構造的な真理である。

その意味では、過去に多少問題があろうとも、それ以上のリターンが見込めるならば「江川監督」は十分に可能性のある話だった。しかし、それが確定するにはいつもあと一歩、何かが足りなかった。

たった9年間の現役生活だった江川氏。だが、あの1984年の球宴における8連続奪三振をはじめ、全盛期の「怪物伝説」はいまも鮮やかなシーンとともにファンの記憶に残っている。

願わくば、指導者としての「背番号30」を見たかった。そう思うファンは決して少なくないだろう。

江川は引退後に上梓した著書『たかが江川されど江川』（新潮社）の中で、もし大学卒業時のドラフトでクラウンライターではなく、在京のセ・リーグ球団に指名されていたら、すんなり入団していたと述懐している。

自分の希望通りにいかないドラフトを拒んだ結果、江川は巨人に入団できた。

しかし、巨人に入団したことで、指導者としての人生は実現できなかった。

あの「空白の一日」事件から45年――日本中を揺るがせたあの事件にも、ようやく「総括」の時期が訪れようとしている。

カバー・帯デザイン：landfish（妹尾善史）
本文デザイン・DTP：ユニオンワークス
写真：共同通信イメージズ、毎日新聞社ほか

本書は２０１９年12月に小社より刊行した宝島社新書『昭和の怪物 日本の闇を牛耳った１２０人の生きざま』を改題・改訂し、文庫化したものです。

日本の黒幕
善悪を超えた人間力
(にほんのくろまく　ぜんあくをこえたにんげんりょく)

2023年11月15日　第1刷発行

編　者　別冊宝島編集部
発行人　蓮見清一
発行所　株式会社 宝島社
〒102-8388　東京都千代田区一番町25番地
電話：営業 03(3234)4621／編集 03(3239)0646
https://tkj.jp
印刷・製本　株式会社広済堂ネクスト

Printed in Japan
First published 2019 by Takarajimasha, Inc.
ISBN 978-4-299-04887-5